Study on
Convention on Direct International Railway Traffic
from Organisation for Railways Cooperation

铁路合作组织
《国际铁路直通联运公约》研究

王夏昊　宇培峰　程笑男◎著

中国法制出版社
CHINA LEGAL PUBLISHING HOUSE

目录
CONTENTS

第 6 章　完善《国际铁路直通联运公约》的中国立场与中国方案

附　录　涉外铁路运输调研报告

导论

第二次世界大战后，由于欧亚地缘政治格局的变化，为满足欧亚国家间日益增长的客货运输需求，并保证国际铁路客货联运，部分欧亚国家就国际铁路运输做出了相当的努力，并于 1956 年在索菲亚（保加利亚）举办了由保加利亚人民共和国、中华人民共和国、德意志民主共和国、苏维埃社会主义共和国联盟等国家主管铁路运输的部长会议。会议上，各国一致决定成立铁路合作组织（以下简称铁组）。

《国际铁路直通联运公约》[①] 是铁组拟定的一组从规范铁组组织架构，到规范国际货运、客运、基础设施建设、机车车辆使用中法律关系的全方位的国际铁路联运公约，包括一个框架性公约与八个附件文件。由于框架性公约文件标题同为《国际铁路直通联运公约》，为明确指代，下文中以《国际铁路直通联运公约》指代整个公约体系，而以《铁组公约》指代公约体系中的第一个框架

① http://zh.osjd.org/doco/public/zh?STRUCTURE_ID=79&layer_id=6073&refererLayerId=6076&id=92，最后访问时间：2019 年 10 月 24 日。

性公约文本（公约正文）。《国际铁路直通联运公约》旨在发展国际货物和旅客运输，建立欧亚地区统一的铁路运输空间，提高洲际铁路运输通道的竞争能力，以及促进铁路运输领域的技术进步和科技合作。2015 年，铁组对其包括国际客协和国际货协在内的基本文件进行了全面的重审工作，并对《国际铁路直通联运公约》草案进行了编制。

本书将《国际铁路直通联运公约》草案作为规范研究对象。同时，根据公约草案第八条第二款、公约草案第五十六条第二款的规定，公约的八个附件（《国际联运货物运输合同一般规定》《国际联运旅客运输合同一般规定》《国际联运危险货物运送一般规定》《国际联运铁路基础设施一般规定》《国际联运铁路机车车辆一般规定》《国际联运货车使用一般规定》《国际联运客车使用一般规定》《铁组特权和豁免权议定书》）也是公约不可分割的部分，因此本书除《铁组公约》外，还将对公约体系下的八个公约附件展开分析。同时根据《维也纳条约法公约》第三十一条、第三十二条的条约解释规则[①]，除公约草案正文及附件文本外，解释分析公约还应结合当事国间因缔结条约所订与公约有关的任何协定、一个以上当事国因缔结条约所订并经其他当事国接受为条约有关文书之任何文书、当事国嗣后所订关于条约之解释或其规定之适用之任何协定、嗣后在条约适用方

① Vienna Convention on the Law of Treaties art. 31, 32, *opened for signature* May 23, 1969, 1155 U.N.T.S. 331.

面确定各当事国对条约解释之协定之任何惯例、适用于当事国间关系之任何有关国际法规则、公约订立的准备工作与缔约情况等内容。综上，本书将对公约的性质与特征、基本原则、其中所涉法律关系、设立的法律制度、存在的问题以及完善该公约的中国立场及中国方案进行深入研究和探讨，力求对中国在国际铁路运输中的实践有所裨益。

第 1 章
《国际铁路直通联运公约》的历史沿革

国际铁路联运公约的签订不是一蹴而就的，自 20 世纪 50 年代起，《国际铁路直通联运公约》的主要参加国就为促成国际铁路联运做出了不懈的努力，从最开始的部门协定，仅涉及运输领域的单一客运、货运协定，到现在的由铁路合作组织促进的政府间协定，覆盖客运、货运及基础设施建设的多方位框架性公约体系，国际铁路联运公约经历了重大的变迁与发展。对国际铁路联运公约的历史沿革进行研究不仅可以厘清缔约方之间国际铁路联运关系的发展脉络，同时可以明晰各国历来关心的利益与争议点，从而更好地对《国际铁路直通联运公约》进行阐释，并对未来的国际铁路联运关系的发展有更为清晰和明确的认识。

1.1 1951 年国际铁路联运客货运输第一批基本文件

20 世纪 50 年代初，为保证国际联运客货运送，各国迫切需要制定统一的法律和经济标准。基于此，阿尔巴尼亚人民共和国、保加利亚人民共和国、匈牙利人民共和国、德意志民主共和国、波兰人民共和国、罗马尼亚社会主义共和国、苏维埃社会主义共和国联盟及捷克斯洛伐克社会主义共和国等国的铁路事务局在华沙（1950年12月22日）、布拉格（1951年4月23日）、布达佩斯（1951年7月10日）等地举行的会议上，编制并商定了办理国际客货运送的第一批基本文件，包括：《国际铁路直通联运旅客及行李运送协定（国际客运协定）及其办事细则》《国际铁路直达联运货物运送协定（国际货运协定）及其办事细则》《国际铁路直通联运旅客、行李、包裹运送运价规程》《国际铁路直达联运货物运送协定参加国铁路货物运送统一过境运价规程》《国际联运车辆互用规则（车规）》《国际客运协定和国际货运协定清算规则》。由各国铁路事务局通过的上述协定、规则及运价规程自1951年11月1日起施行。

之后，与会各国的铁路事务局于莫斯科（1953年）与柏林（1955年）分别举行了上述协定定期会议。会议对上述协定、运价规程和规则文本进行了根本性修改，协定名称定为《国际货物联运协定》（以下简称《国际货协》）和《国际旅客联运协定》（以下简称《国际客协》）。这次会议后，协定参加方数量明显增加。1953年，中华人民共和国、朝鲜民主主义人民共和国、蒙古人民共和国三国铁路事务局加入上述协定，1955年，越南民主共和国铁路事务局也加入了该协定。至此，参加上述协定的铁路机构总数达到了12个。《国际货协》与《国际客协》主要就铁路运输法和运价问题，以及与运送过程直接相关的技术运营等问题进行了规定，旨在加强各国在相关领域的合作。在协定参加铁路所在国首都每两年一次举行的会议上，对协定及其指南进行了重审。为此，波兰国家铁路事务局受托管理《国际货协》与《国际客协》调整的事务，并为履行这一职能设立了专门的事务所，其经费由参与协定的主体以会费的形式支付。

之后，随着各国铁路运输间合作的不断发展，各国客、货运输量均显著增长，除此之外，将铁路运输领域的合作扩大到技术、科研、设计及经济等其他领域的需求也更加迫切。为满足上述现实的需求，1956 年上半年，在以各国铁路事务局之间达成协议及早期组织框架内，成立了下列专门技术委员会：

第一技术专门委员会——关于车辆和建筑接近限界、车辆及车辆配件统一化问题；

第二技术专门委员会——关于信号问题；

第三技术专门委员会——关于电气化问题；

第四技术专门委员会——关于线路上部建筑和桥隧建筑物问题。

首先，这一时期的国际铁路联运合作建立在各国铁路事务局之间，而非各国中央政府之间，《国际货协》与《国际客协》作为部门间协定而不是政府间协定，其适用等级低于政府间的国际旅客运输公约及国际货物运输公约；其次，最初几年适用统一货价和车规的经验表明，国际旅客和货运运输领域的矛盾越来越多。无论是在统一货价运价费率水平问题上，还是在他路车辆使用费费率水平问题上，各国利益上的分歧直接影响和激化了各国铁路事务局在意见和观点上的分歧。这对采用《国际客协》和《国际货协》的铁路事务局所在国之间的经济合作造成了负面影响。这一问题不仅对这些国家间的经济合作带来严重危害，而且还削弱了相应国家在政治层面开展合作的可能性。另外，由于仅由各国铁路事务局单方面制定货物及旅客运输协定，导致早期的运输协定调整范围相对局限，没有适当地统筹协调其他部门的规范内容，上述问题成为在实践中适用《国际客协》及《国际货协》出现不良现象的原因。同时，由于铁路间开展科技合作的需要及国际铁路联运的发展，必须创建新的组织形式，才能保证这一合作持续发展。

鉴于上述原因，有必要成立新的组织机构，负责铁路运输领域的合作。该机构的级别应高于各国铁路事务局，并能全面涵盖铁路业务的方方面面，最为重要的是，这一合作应在有关国家部长的直接监督下进行，代表各国中央政府的利益。为此，各有关国家的部长应定期在一年一度的部长会议上聚首，就政府间铁路运输事项进行商讨，并结合各国铁路运输领域的发展和需求对现有的铁路运输协定进行及时的调整。

1.2　1956 年索菲亚（保加利亚）铁路运输部长会议

出于上述考虑，1956 年 6 月，第一届部长会议在索菲亚举行，与会部长一致决定成立铁路合作组织。这次会议被视为铁组历史上的第一届部长会议。这次会议通过了铁路合作组织章程，并委托事务所编制部长会议议事规则草案和铁组执行机关——铁组委员会的办事细则。

1957 年在北京举行的第二届部长会议上，各国部长一致决定任命波兰铁路代表德伦什克维奇·汉利克担任铁组委员会主席，苏联铁路代表担任副主席，捷克斯洛伐克铁路代表担任委员会秘书。与此同时，根据苏联运输部部长别谢夫的提议，为了扩大铁组部长会议及铁组委员会通过的决议的影响，并为了铁组参加国之间交流铁路工作经验和成就的方便，铁组官方杂志《铁组通讯》将用中文、德文和俄文出版。[①]

在这一阶段铁组长达 50 年的工作中，既存在积极和富有成果的工作阶段，也遇到过 1966—1984 年由于不能召开领导机关会议（部长会议）的困难时期。尽管领导机关会议的召开存在困难，铁组委员会仍照常运转，其工作不仅没有受到束缚，反而在这一阶段采取一切措施扩大了自身的活动范围。铁路合作组织秉持着集体解决铁路运输领域发生的问题的态度和立场，这使得铁组在近年来欧亚各国政治剧烈动荡的背景下，仍然能够积极履行其职责，并享有相当的国际组织的威望。

1.3 21 世纪后铁组公约的发展与《国际铁路直通联运公约》的编制

20 世纪 90 年代初，新的地缘政治形势对国际铁路运输提出了新的要求，而这些要求需要国际铁路运输中的所有参与方协调

① http://zh.osjd.org/statico/public/zh?STRUCTURE_ID=77&，最后访问时间：2019 年 10 月 24 日。

合作，才能保证在欧亚各国间开展定期的洲际铁路联运活动。这一时期的运输困难主要表现在如下方面：首先，由于新的国家的出现，国界线的长度相应增加，同时，各国过境手续日趋繁复，这一情况对压缩货物运输时间产生了相当的负面影响。其次，铁组成员方之间铁路联运呈现运送经路漫长（8000—10000km），且途经不同的气候带（包括酷寒地区）的特点，列车在单方向运行途中要进行两次变换轨距（1435—1520—1435mm）。铁组成立之初，铁组成员方铁路线路全部营业里程约 227000km。而目前该长度达到 276376km，运输长度的增加一方面体现了国际铁路运输领域的发展，但另一方面也对国际铁路运输领域的合作提出了新的挑战。最后，欧亚运送中存在一些与西欧不同的法定标准，如运送条件、运价问题、海关手续、车辆互用规则、铁路间财务清算等问题。这些法定标准的制定需结合各国的铁路运输实体经济、政治等情况，经各国部长谈判商讨以确定或调整。在分析了铁路运输过程的上述特点的基础上，铁路合作组织对各成员方商定的决定进行协调，协助完善铁组成员方间的铁路运输，并考虑使其与欧洲现有运输系统在技术、工艺、法律和运价方面实现兼容。

苏联解体后，在铁组原本的 13 个成员方之外，又增加了白俄罗斯共和国、拉脱维亚共和国、立陶宛共和国、爱沙尼亚共和国、摩尔多瓦共和国和乌克兰。经过 1992 年的变革，铁组成员达到了 19 个。德国的统一影响了德国铁路继续参加铁组的形式——其以铁组观察员的身份加入铁路合作组织。

基于上述历史、现实背景的考量，根据部长会议成员授权代表对一系列研究工作结果的讨论，以及委员会对研究工作结果的分析，第十九届部长会议于 1991 年在布达佩斯召开，会议通过了关于完善铁路合作组织活动的主要方向，并强调了下列工作的重要性和必要性：将西欧国际铁路联运延伸到亚洲东海岸，并推广现代化的技术手段和工艺；发展中东欧和亚洲国家铁路间的合作，并交流经验；逐步创建统一的国际运输法；在运输政策和生态方面开展合作。

不仅如此，1992 年在乌兰巴托举行的铁组第二十届部长会议决定成立新的铁组领导机关——铁路总局长（负责代表）会议（总局长会议）。成立新的领导机关的目的是吸引铁路运输中的其他国家及铁路公司参与铁组的工作。其主要任务是对下列问题开展工作：在欧洲和亚洲国家间国际铁路运送（包括多式联运）方面开展合作；相互交换关于预期外贸运量的信息，并据此制定有竞争力的联合提案；制定车辆、集装箱、托盘和运送用具的使用规则及其养护方法；组织各路间的清算；发展同其他国际组织的合作；解决铁路经济和财务问题；研究技术和科研课题。会议确定的铁组活动的主要方向是：为组织欧亚国家间的国际铁路运送，包括多式联运创造条件并开展合作；就运输政策、铁路运输法律和生态等问题开展合作；掌管《国际旅客联运协定》（国际客协）、《国际货物联运协定》（国际货协）、《国际联运车辆使用规则（车规）协约》、《国际铁路客运运价规程（国际客价）协约》、《统一过境运价规程（统一货价）协约》、《国际铁路过境运价规程（国际货价）协约》、《国际旅客联运和铁路货物联运清算规则协约》，以及与国际联运相关的其他法律文件；制定统一的国际运输法一般原则；制定措施，提高铁路运输对其他运输方式的竞争力；在完善运营规则和技术条件，以及对办理国际联运的线路进行现代化改造方面加强合作；解决铁路成员铁路国际合作中的经济问题；与从事铁路运输和多式联运问题的其他国际组织开展合作。其中，铁组部长会议是铁组最高领导机关。部长会议参考铁组铁路总局长（负责代表）会议的建议，在政府一级审查与铁组活动方向相关的所有问题，并就这些问题通过决议。部长会议一般每年举行一次。总局长会议的成立，进一步扩大了铁组解决问题的范围，同时也提高了工作质量。根据对欧亚各国所发生的变革的分析，同时考虑到必须提高铁路运输的竞争力，重新确立了铁组活动的战略方向——完善欧亚铁路联运。这已作为铁组活动的主要宗旨，体现在新的铁组基本文件中。

铁路合作组织的第二活动阶段是从 1993 年到现在，在这一阶段，为适应常设专门委员会数量减少、改组及其办事细则的制定引起的变化，铁组贯彻新的铁组基本文件，使委员会新的组织机构适应新时代的需求。在这一时期，委员会于 1994 年通过了有关完善欧亚铁路联运工作纲要，该纲要是编制铁路合作组织年度工作计划的重要依据。在 1993 年于华沙举行的铁组第二十一届部长会议对铁路合作组织章程进行了修改，扩大了各国加入铁组的可能性，并允许那些直接从事铁路活动的公司和企业作为观察员或加入企业参加铁组工作。在这一阶段，铁组成员共有 27 个国家，其中积极成员 25 个，分别是：阿塞拜疆共和国、白俄罗斯共和国、保加利亚共和国、匈牙利共和国、越南社会主义共和国、格鲁吉亚、伊朗伊斯兰共和国、哈萨克斯坦共和国、中华人民共和国、朝鲜民主主义人民共和国、吉尔吉斯共和国、拉脱维亚共和国、立陶宛共和国、摩尔多瓦共和国、蒙古国、波兰共和国、俄罗斯联邦、罗马尼亚、斯洛伐克共和国、塔吉克斯坦共和国、土库曼斯坦、乌兹别克斯坦共和国、乌克兰、捷克共和国和爱沙尼亚共和国。拥有铁组观察员地位的铁路公司为：德国铁路股份公司（DB AG）、希腊铁路 (OCE)、法国国有铁路公司（СНЦФ）、芬兰铁路（BP）、塞尔维亚铁路国有企业（ЖС）及吉厄尔－肖普朗－埃宾富尔特铁路股份公司（АО ДьШЭВ）。其中，以加入企业身份参加铁组工作的新形势引起公司和企业的极大兴趣，目前拥有铁组加入企业地位的共有 29 家铁路运输公司，分别来自奥地利、德国、格鲁吉亚、摩尔多瓦、波兰、俄罗斯、罗马尼亚、乌克兰、斯洛伐克、法国、捷克和瑞士等国家。[①]

1994 年在莫斯科举行的铁组第二十二届部长会议通过的《完善欧亚铁路联运纲要》对铁组工作具有特别意义。该纲要是铁组范围内继续开展系统工作的基础。由铁组领导机关监督其执行情况。该纲要的主要条款公布在铁组的定期刊物上，并在国际会议上就主要内容进行过介绍。上述纲要的主要内容涵盖如下方面：连接欧亚两洲的主要铁路经路，参考了在铁盟、联合国欧经委内

---

① 王勇平：《行走在亚欧大陆桥上》，中国铁道出版社 2015 年版，第 24 页。

运委、欧洲铁路干线纲要框架内，以及联合国亚太经社会框架内开展的工作；欧亚国家间客货运送远景运量。在共同的综合纲要的范围内，采用该综合纲要的核心内容，1994 年，哈萨克斯坦、中国、吉尔吉斯斯坦、俄罗斯、塔吉克斯坦、土库曼斯坦、乌兹别克斯坦七国铁道（运输）部长核准了《关于发展并利用经由多斯特克（德鲁日巴—哈萨克斯坦）—阿拉山口（中国）的国际铁路通道的地区纲要》；1995 年年初，白俄罗斯、德国、波兰和俄罗斯主管铁路运输的部长签署了柏林—华沙—明斯克—莫斯科铁路走廊的现代化改造、改建和发展方面的合作协议，其中规定了 2010 年前分阶段落实的必要措施。2005 年 11 月 18 日，从德国首都沿柏林—华沙—明斯克—莫斯科第二泛欧运输走廊发出了“穿越欧洲 2005”首列集装箱列车。铁路合作组织在这半个世纪内为洲际铁路运输发展作出的贡献是有目共睹的，于索菲亚（保加利亚）举行的部长会议纪念会议就对铁组的卓越成就作出了肯定和承认。

完善铁组基本文件临时工作组历时 10 年编制完成了国际铁路直通联运公约文本草案。铁组范围内现行国际协定和协约（包括国际客协和国际货协）等基本文件被纳入公约草案附件。为审查和通过公约文本，成立了有铁组成员方代表团参加的通过国际铁路直通联运公约文本国际会议。在波兰华沙已举行了 4 次国际会议（2016 年 11 月、2017 年 3 月、2017 年 11 月和 2018 年 3 月）。

新时期铁路合作组织的工作重心主要体现在制定运输政策和发展战略、完善运输法律规范、促进货物运输发展、促进旅客运输发展、促进基础设施和机车车辆发展、促进编码和信息技术发展、落实财务和清算问题、落实铁路运输领域职业教育培训问题。

在运输政策和发展战略方面，为吸引更多的国际过境货物运量，并提高运输市场上铁路运输所占比重，2017 年继续在制定铁组成员方共同铁路运输政策方面开展了工作，其中包括在完善铁组铁路运输走廊运输和发展铁组铁路运输走廊、简化国际铁路客货运输过境、提高铁路运输竞争力等方面落实的一系列综合措施。

在完善运输法律规范方面，根据铁组部长会议成员和铁组铁路总局长（负责代表）会议成员授权代表联席会议（2016 年 12 月 6—9 日，以下简称授权代表会议）核准的铁组运输专门委员会（以下简称专门委员会）2017 年工作计划以及 2017 年工作纲要，报告年度内专门委员会对下列专题开展了工作：完善国际客协和国际客协办事细则；修订铁组国际铁路旅客联运问题备忘录；完善国际货协和国际货协办事细则；开展有关危险货物运送规则的工作；编制货物装载和加固技术条件；完善国际货协附件第 6 号《国际货约 / 国际货协运单指导手册》。

在促进货物运输方面，2017 年，铁组货物运输专门委员会（以下简称专门委员会）开展了以下方面的工作：完善组织欧亚多式联运的现行协定；修订国际过境运价规程协约和开展过境货物运输的运价条件；修订国际联运货车使用规则，保证使其与类似的国际标准文件相协调；协调铁组铁路国际联运中货物的统一说明和编码系统；规划和组织开行欧—亚—欧联运集装箱班列运输，包括驮背运输；组织亚—欧—亚联运中采用国际货约 / 国际货协运单的货物运送；发展多式联运；与其他国际组织开展铁路运营领域合作，以提高国际铁路运输较其他运输方式的利用率并确保其竞争力。

在促进旅客运输发展方面，根据铁组部长会议成员和铁组铁路总局长（负责代表）会议成员授权代表联席会议核准的工作纲要和工作计划，2017 年铁组旅客运输专门委员会（以下简称专门委员会）在组织旅客列车运行、编制和商定列车时刻表和编组顺序表、为旅客创造必要条件和提供所需服务、发展旅客运输、执行国际旅客列车运行图等方面开展了工作。

在促进基础设施和机车车辆发展方面，2017 年，铁组基础设施和机车车辆专门委员会（以下简称专门委员会）继续为解决当前和未来的技术和工艺问题开展了工作。专门委员会工作结果反映了根据 2016 年铁组部长会议成员和铁组铁路总局长（负责代表）会议成员授权代表联席会议核准的工作计划，以及铁组铁路总局长（负责代表）会议决议对专门委员会各专题所开展工作的情况。

促进编码和信息技术方面，2017 年，铁组编码和信息技术常设工作组（以下简称常设工作组）的工作是根据 2016 年铁组部长会议成员和铁组铁路总局长（负责代表）会议成员授权代表联席会议核准的工作计划，以及铁组铁路总局长（负责代表）会议决议开展的。同时，常设工作组与铁盟、国际铁路运输委员会、欧洲铁路数据库（RAILDATA）和铁组加入企业开展了合作。

在落实财务和清算问题方面，2017 年，财务和清算问题常设工作组（以下简称常设工作组）的工作是根据总局长会议决议和常设工作组 2017 年工作计划开展的。常设工作组的主要工作方向是清偿和减少铁路间债务。根据所收到的截至 2018 年 1 月 31 日的数据，总债务为 2.184 亿瑞士法郎，较 2017 年 1 月 31 日的数据减少了 1020 万瑞士法郎，或减少了 4.5%。

在落实铁路运输领域职业教育培训问题方面，铁路运输领域职业教育培训问题临时工作组（以下简称临时工作组）是根据铁组第四十三届部长会议（2015 年 6 月 2—5 日，蒙古，乌兰巴托）决议成立的。在报告期内，举行了 3 次临时工作组会议。为执行铁组第四十四届部长会议决议，举行了铁组“二十一世纪国际铁路联运领域人才培养的机遇与挑战”高级别研讨会（2017 年 2 月 14—15 日，波兰共和国，华沙）。根据研讨会结果，与会者编制了旨在提高铁路联运领域人才技能，保证铁路运输有效运作的共同建议书。根据部长会议向临时工作组提出的目标和任务，并在其他国际组织开展职业教育培训实践及其经验的基础上，同时参考研讨会与会者的建议。

第 2 章
《国际铁路直通联运公约》的特征

2.1 《国际铁路直通联运公约》的特征

根据《铁组公约》第八条的规定，如未根据《国际铁路直通联运公约》第七十二条提出保留，则在国际铁路联运中必须适用下列规定:《国际联运货物运输合同一般规定》(附件一);《国际联运旅客运输合同一般规定》(附件二);《国际联运危险货物运送一般规定》(附件三);《国际联运铁路基础设施一般规定》(附件四);《国际联运铁路机车车辆一般规定》(附件五);《国际联运货车使用一般规定》(附件六);《国际联运客车使用一般规定》(附件七)。以上附件是《国际铁路直通联运公约》不可分割的部分。因此，本书将以上述公约正文(《铁组公约》)及附件文本作为研究对象，同时，在铁路合作组织官网上公布的附件文本还有 2014 年 11 月 21 日版国际铁路直通联运公约附件八条文草案《关于铁路合作组织特权和豁免权议定书》，同时根据《铁组公约》第五十六条的规定，铁组、委员会员工、被邀请的专家和铁组成员代表在履行其职责时，享有在《铁组特权和豁免议定书》(本公约附件八，本公约不可分割的组成部分）规定条件下的必要的特权和豁免权。虽然《铁组公约》第八条并未将该附件草案列入《国际铁路直通联运公约》体系中，但笔者认为，根据《维也纳条约法公约》的善意解释原则[①]，应当将附件八草案也解释为《国际铁路直通联运公约》公约体系中的一部分。故本书将以《铁组公约》及其八个附件文本作为研究对象，力求能够体系化地对公约进行解释和论述。

《铁组公约》作为规定铁组参加形式和组织机构及其他程序性事项的框架性公约，在结果、内容和职能分配上与公司章程具有极高的相似性。《铁组公约》的具体内容将在下文予以详细说明。

《国际联运货物运输合同一般规定》作为《国际铁路直通联运公约》的附件一，主要调整国际铁路直通联运和国际铁路—轮渡直通联运中货物运输合同中的法律关系。其适用范围不仅局限于铁路联运，国际铁路货物联运货物运送在根据各方国内法律开办货运业务的车站之间进行；而在国际铁路—轮渡货物联运中，则有各方公布的为办理此类运送的水运区段参与。《国际联运货物运输合同一般规定》在成员之间适用具有强制性权力，《国际联运货物运输合同一般规定》第四条提出，直接或间接背离本一般规定条件的运送合同的任何条件，均为无效，并没有法律效力，但本一般规定做出保留声明的情况除外。这些条件的无效并不导致运

① Vienna Convention on the Law of Treaties art. 32, *opened for signature* May 23, 1969, 1155 U.N.T.S. 331.

送合同其他条件的无效。可见《国际联运货物运输合同一般规定》对成员内的国际铁路直通联运和国际铁路—轮渡直通联运关系的强制性管辖，然而，笔者认为公约文本本身存在一定的矛盾，因为在该附件的第二条第三项，文本指出，如各方同时是有关铁路货物运输合同法律标准的其他国际协定的参加方，则上述各方铁路车站之间的运送，可以按照这些协定的条件办理。同时，在《铁组公约》第七十一条中，公约提出，本公约不触及任一铁组成员因加入其他国际协定所产生的权利和义务，在不损害本公约促进、完善和简化国际铁路联运的目的和宗旨，且不损害在与其他铁组成员方相互关系中全面适用本公约的情况下，作为区域经济一体化组织成员的铁组成员，相互之间适用区域经济一体化组织的规定，不适用由本公约产生的规定，但区域经济一体化组织未对某一具体问题做出规定的情况除外。上述规定使《国际联运货物运输合同一般规定》适用时的强制性权力有所减弱，且有可能会在《国际联运货物运输合同一般规定》与成员签署的其他国际协定不一致时导致适用上的问题。

2.2 《铁组公约》的性质与特征

《铁组公约》共七十三条，其主要内容为铁路合作组织的设立及职责分工，铁组运作的章程性、组织性规定，公约在结构、内容文本及职能分配上均与公司章程具有极高的相似性。

2.2.1 铁路合作组织概述

铁路合作组织作为《国际铁路直通联运公约》的核心组织，秉持着为发展铁路运输领域的合作创造条件，建立统一的铁路运输空间，增强洲际铁路通道的运输安全和竞争力，发展国际铁路直通联运的宗旨，在促成、制定和完善有关铁路运输及过境运输便利化的政策、战略、国际法，发展国际运输联系，促进与运输相关的经济、信息和科技合作，运输工具运用和铁路基础设施运营等方面均发挥着重要的指导和促进作用。除此之外，铁组当前开展的工作还包括解决铁路运输政策问题，落实完善铁组运输走廊运输和发展、简化国际铁路旅客和货物联运过境手续及提高铁路竞争能力的综合措施，以吸引更多的国际过境运量、提高铁路运输业在运输市场的份额。①

2.2.1.1 铁路合作组织的性质为政府间国际组织

根据《铁组公约》第一条的规定，铁组在缔约各方签署《国际铁路直通联运公约》后改组为政府间国际组织。由上文国际铁路运输领域合作与发展的历史可知，早期的国际铁路联运协定的签订方为各国的铁路事务局，而非地方政府，《国际货协》与《国际客协》的级别也仅为部门间协定，这就使得早期的国际铁路运输协定的级别低于一般的国际条约，在适用上造成了一定的困难。

① 铁组的成立和发展史，铁路合作组织，http://zh.osjd.org/statico/public/zh?STRUCTURE_ID=77，最后访问日期：2018 年 12 月 20 日。

新时期的《国际铁路直通联运公约》为政府间国际公约，并宣称将铁组改组为政府间国际组织。政府间国际组织作为国际法主体之一，具有独立参与国际关系的资格、具有直接享有国际法上权利的能力、具有直接承担国际法上义务的能力。除此之外，根据《国际铁路直通联运公约》第三条第一款的规定，铁组拥有实现其宗旨所必需的国际权利和能力。然而，《国际铁路直通联运公约》第三条第二款确定了铁路合作组织为法人，关于法人能否作为国际法主体目前在理论界仍有争议，国内普遍否认自然人及法人的国际法主体地位。

笔者认为，对于铁路合作组织性质上"政府间国际组织＋法人"的规定在法理上存在矛盾和冲突，可能会为未来埋下隐患。

第一，从实践需求的角度考量，这一规定存在一定的合理性。结合铁路合作组织的宗旨及工作方向和内容，铁路合作组织的工作范畴更多的是促成国际铁路运输方面的运输政策，其自身则是起到促进和协调的作用，铁组成立以来的促成的公约其本身均不是签署方，也因此，铁组作为国际法主体的身份对其促成公约签订的工作宗旨似乎影响不大，而将其确认为与国家平级的政府间组织可能有助于其在协调国家工作中享有更为独立的话语权与助成作用，方便其日后在国家政府间开展工作。然后，可以看出《国际铁路直通联运公约》对于铁路合作组织的章程性规定借鉴了公司章程的框架和治理结构，另外，根据《国际铁路直通联运公约》第三条第二款，公约规定铁组可以：（1）签订开展其活动所必需的合同；（2）购置、租赁、处置动产和不动产；（3）开立银行账户，并办理任意币种的资金业务；（4）以原告或被告身份出庭；由此可知，《国际铁路直通联运公约》赋予铁组作为法人签订合同、购置资产、进行金融操作并参与诉讼活动的权利，《国际铁路直通联运公约》希望铁组可以作为法人开展日常商业贸易，将铁路合作组织确认为法人的原因可能在于此。

第二，政府间国际组织独立于国家，作为和国家平级的国际法主体，其日常的运行主要依据自身的章程和国际法律文件，相对脱离主权国家的控制。而“法人”的定义是指法律上具有民事权利能力和民事行为能力，依法独立享有民事权利和承担民事义务的组织。根据这一定义，将铁路合作组织界定为“法人”首先便存在问题，即铁路合作组织是依据何种法律成立的具有权利能力和行为能力的组织？“法人”定义中的“法律”一般是指国家的国内法，而政府间国际组织是以政府间协议作为成立和活动的依据，在此，铁路合作组织便是以《国际铁路直通联运公约》作为成立和活动的依据，而《国际铁路直通联运公约》显然不属于国内法，因此这一规定从概念上便存在矛盾。

第三，铁路合作组织作为政府间国际组织与作为法人在权利义务的身份方面存在模糊。依据《国际铁路直通联运公约》第三条第一款的规定，铁组享有实现其宗旨所必需的国际权利和能力，这一规定可谓非常之宽泛，且并未直接从正面规定铁组的权利与能力，而是“实现宗旨所必须”的国际权利和能力。如果我们转眼铁组的宗旨，可以发现《国际铁路直通联运公约》第五条规定，铁组的宗旨是为发展铁路运输领域的合作创造条件，建立统一的铁路运输空间，增强洲际铁路通道的运输安全和竞争力，发展国际直通联运。这一宗旨的规定同样非常广泛，单从语意上理解，为发展铁路运输领域的合作创造条件可以涵盖基础设施方面的经济合作条件、铁路运输领域的法律规范合作条件、国际铁路运输的国际协定条约条件等多个方面；从这一角度出发，铁路合作组织享有权利义务的界限在何处似乎并不明确，而且上述由宗旨出发的权利规定模式将会为超越权限的铁组行为提供实践漏洞——对于超越权限的行为，只要可以解释为有利于铁组运行的宗旨，即可落入《国际铁路直通联运公约》规定的权利和能力范畴之中。更为重要的是，上述广泛的权利与能力似乎是铁组作为政府间国际组织时应当享有的权利和能力，那么，当铁路合作组织作为法人展开活动时，其是否还享有相应的宽泛的权利和能力呢？例如，根据《国际铁路直通联运公约》附件八《关于铁路合作组织特权和豁免议定书》第一条第一款的规定，铁组、其财产和资产无论位于何处，无论由谁支配，均享有免于任何形式的司法干涉的权利，但铁组自行决定放弃某些情况下豁免权的情况除外。而根据《国际铁路直通联运公约》第三条第二款第四项的规定，铁组可以作为被告出庭，综合这两点规定进行分析，是否意味着铁组可以自主放弃管辖豁免，但其财产仍然享有执行豁免？如果说这一模糊尚且可以类比国家主权限制豁免的理论进行解释，那么根据《国际铁路直通联运公约》附件八第二条第一款第一项的规定，铁组、其资产、收入和其他财产免于缴纳在成员方境内征收的所有直接税、税款和增值税，（包括根据相应成员方的标准法律文件返还的形式），而用于具体服务（劳务）形式的费用除外。这是否意味着铁组在履行其依据《国际铁路直通联运公约》第三条第二款规定的作为法人可以施行的签订合同、购置资产、从事金融操作及参与诉讼时可以免征税款？铁组此时作为法人享有的“超法人待遇”的来源和依据又是什么？

笔者认为，最为合理的解释是《国际铁路直通联运公约》希望保留铁路合作组织政府间国际组织的地位，以方便其在各国政府之间发挥协调和促进的作用，同时能够独立于主权国家的影响，作为一个独立的国际法主体发挥自己的职能；同时在铁组参加日常商务贸易时，又希望铁组能够像一般法人一样参与商务贸易往来。在笔者看来《国际铁路直通联运公约》似乎意欲采取和国家主权限制豁免相似的立场，以保证铁组能够正常参与商事活动，但公约中欠缺明确的表述，因此限制豁免的原则并不能得以适用，如果公约希望采取限制豁免原则，则应当在未来的公约文案中予以明确说明，如若不然，笔者则建议删除第三条第二款的表述，因为在实践中，政府间国际组织，甚至是国家主体一般也可以签订开展其活动必需的合同；购置、租赁、处置动产和不动产；开立银行账户，并办理任意币种的资金业务；及以原告或被告的身份出庭；增加铁组是法人的表述会对公约解释造成困惑，产生铁组除一般情况下政府间国际组织参与商事活动的权利义务外，还具有法人的其他特征，并承担和法人的地位与身份相应的责任的误解。

同时，在第二条第二款第四项的表述中，首先，“以原告或被告的身份出庭”的含义存在争议，若从语意上狭义地理解，可以解释为铁组可以作为原告或被告参与诉讼程序，“可以”的表述意味着这是铁组的一项权利而非义务，铁组可以选择作为原告或被告参加诉讼程序，也可以坚持管辖豁免，此时则不必出庭；其次，即使作为原告或被告参与诉讼程序，也只能解释为铁组放弃了管辖豁免，其仍然保留有执行豁免，即使铁组作为被告败诉，其财产仍然不能被强制执行。但正如上文所说，上述情况是政府间国际组织参与实践的通常情况，如若按此种解释，那么特意强调铁组作为“法人”的意义又何在？是否可以理解为将铁组规定为“法人”的地位则意味着其将承担和法人同等的义务和责任？这一规定存在的逻辑的法律漏洞应当进一步进行澄清。关于铁路合作组织的特权与豁免将在下文中详细进行论述。

另外，《国际铁路直通联运公约》在第四条规定了铁组与国际法主体及其他组织和联合体的合作，其第四条第一款规定铁组可以就其权限范围内的问题与有关国家、区域经济一体化组织以及利益和活动与铁组宗旨有关的国际组织开展合作；第四条第二款规定铁组可以就属于其活动方向的问题开展适当活动，以便同国际组织和联盟进行磋商及合作。从语意上理解，依据“以便”的一般含义，笔者认为，第四条第一款旨在赋予铁组同其他组织和个体开展合作的权利，而第四条第二款旨在允许铁组为进行上述磋商和合作而开展适当的准备活动。但是按照这种解释方法则该条内容规定存在歧义，因为第一款中开展合作的对象个体为“国家、区域经济一体化组织以及利益和活动与铁组宗旨有关的国际组织”，而第二款中的对象个体为“国际组织和联盟”，首先，“联盟”在国际法的语境下指代的是何种主体？其次，第一款和第二款中的对象主体是否重合？在何种程度上重合？为何在同一条文项下使用不同的表述？是否代表了铁组在面对不同主体时的权利范围的界限是不同的？上述问题均有待进一步明确，否则将在日后的实践中埋下隐患。

根据铁组发布的《铁组信息手册》[①]，铁路合作组织与其他国际组织的共同工作组包括：

（1）铁组 / 欧洲铁路署关于“两组织就分析欧盟和非欧盟 1520/1524mm 和 1435mm 轨距铁路系统相互关系开展合作”联络组；

（2）国际铁路运输委员会 / 铁组协调国际货约 / 国际货协运输法共同工作组（法律组）；

（3）铁组 / 铁盟编码和信息技术共同工作组；

（4）铁组 / 铁盟关于有关铁路参与将优先一览表中的铁组 / 铁盟共同备忘录编制成国际铁路标准（自愿采用）草案共同工作组。

2.2.1.2 铁组的工作宗旨、原则、方向范围宽泛

根据《国际铁路直通联运公约》第五、六、七条的规定，铁组工作的宗旨是为发展铁路运输领域的合作创造条件，建立统一的铁路运输空间，增强洲际铁路道路的运输安全和竞争力，发展国际铁路直通联运。正如上文所说，这一宗旨的规定相当广泛，仅从语意上分析便几乎涵盖了铁路运输领域的法律规范、基础设

① 铁路合作组织（铁组），《出版物 · 语文出版物》，http://zh.osjd.org/statico/public/zh?STRUCTURE_ID=37，最后访问日期：2019 年 2 月 22 日。

施建设、科技信息交流等多个方面，可以看出《国际铁路直通联运公约》参与国力求促进洲际铁路联运发展的决心，但同时，这一表述也存在一定的问题。首先，公约第三条对于铁组权利和能力的赋予是建立在第五条铁组宗旨的基础之上，因为这就要求铁组的宗旨应当相对明确和具体，否则将赋予铁组过大的权利和自由。宗旨规定的宽泛和抽象还将导致公约解释的随意和广义，即使是铁组超越一般意义上权限的行为，只要可以间接解释为符合公约宗旨的规定，就可以落入公约赋予的权利和能力的范畴之中，这将不正当地诱发铁组作出超越权限的行为，进而可能伤害到《国际铁路直通联运公约》参加国的利益。同时，该表述本身也存在问题，“增强洲际铁路道路的运输安全和竞争力”缺乏限定语境，竞争力是和其他洲际铁路运输比较而言（如非洲洲际铁路运输），还是和其他运输方式比较而言（如海运、空运），明确提升竞争力的语境才能够针对此制订具体的改良方案。

公约第六条规定了铁组的工作原则为在成员方主权平等、相互尊重和领土完整，以及绝对尊重铁组成员方独立性、自愿加入、权利和义务平等的原则基础上开展工作。铁路合作组织在工作原则中强调了平等原则的重要性，这一原则也同样贯穿公约正文和各个附件，成为支撑《国际铁路直通联运公约》与铁路合作组织工作的重要理念。《国际铁路直通联运公约》及其附件均试图建立一个统一平等的国际铁路联运体系，力求在全方面、多角度贯彻落实《国际铁路直通联运公约》的实施和实践。

公约第七条规定了铁组的工作方向，包括：

（1）促进形成国际铁路运输方面的运输政策方向，制定铁路运输发展战略；

（2）制定和完善有关铁路运输及过境运输便利化的国际法；

（3）根据本公约及在铁组范围内签订的、与国际铁路联运有关的国际协议开展工作；

（4）发展运输联系；

（5）发展和完善国际铁路运输、提高其安全性，包括利用其他运输方式开展的运输；

（6）在铁路运输和编码相关的经济、信息和科技方面开展合作；

（7）在运输工具运用和铁路基础设施运营方面，就与进一步发展和组织国际铁路运输有关的技术和运营问题开展合作；

（8）与国际组织开展合作；

（9）制定铁路公司（机构）之间办理国际铁路运输及相关服务的财务清算原则；

（10）就适用铁组有关组织和办理国际铁路客货运输方面的法律文件问题开展培训。

公约第七条的第一、二款规定了铁路合作组织在铁路运输协定方面的工作内容，即促进国际铁路运输方面运输政策、铁路运输发展战略的形成，以及制定和完善有关铁路运输及过境运输便利化的国际法，前者旨在发挥铁组对于各个主权国家在铁路运输方面的协调和促进作用，后者重在发挥铁组本身对规范的制定和完善权能。第三款则要求铁组在前两款制定的规范性文件的基础上开展工作。

然而，第四款与第五款的文意表达出现了歧义，第五款说明铁组应当发展和完善国际铁路运输、提高其安全性，包括利用其他运输方式开展的运输，若依据第五款的表述，则第四款中的“发展运输联系”的“运输”则不仅限于铁路运输，还应包括其他运输方式。这样的解释不仅与公约第五条规定的铁组“发展铁路运输领域的合作创造条件，建立统一的铁路运输空间，增减洲际铁路通道的运输安全和竞争力，发展国际铁路直通联运”的宗旨不符，还可能将铁组的调整范围不适当地扩大到其他运输方式以及多式联运的领域中去。根据《维也纳条约法公约》的规定，解释公约时应依其用语按其上下文并参照条约之目的及宗旨所具有之通常意义善意解释之，即尽量维护公约的有效性。[①]笔者认为，此处第五款中的“利用其他运输方式开展的运输”应当解释为在国际铁路联运运输过程中涉及其他运输方式，但出于距离、时间及旅途重要性的考虑，该其他运输方式的路程不足以改变整段国际铁路运输的性质，在此种情况下，铁组在发展和完善国际铁路运输、提高其安全性的同时，也应适当地兼顾利用其他运输方式开展的运输。同时，第四款的规定则不仅仅局限于发展铁路运输与其他运输方式的联系，更主要的是发展洲际铁路运输之间的联系，以及与铁路运输有关的经济、信息和科技、运输工具使用和基础设施运营等多个方面的联系和交流。

---

① Vienna Convention on the Law of Treaties art. 31,32, *opened for signature* May 23, 1969, 1155 U.N.T.S. 331.

第六、七款将公约的调整范围由传统意义上的铁路运输扩大到与铁路运输和编码相关的经济、信息和科技方面，及运输工具运用和铁路基础设施运营方面的合作，其中，运输工具在附件五、六、七中就国际联运铁路机车车辆、国际联运货车使用、国际联运客车使用进行了规定，国际联运铁路基础设施于附件四中进行了一般规定，而其他的经济、信息和科技则还需公约以附件的形式进一步展开制定，以期建立一个相对成熟、完善的国际铁路运输体系。

第八款规定铁组的工作方向包括与国际组织开展合作，这一规定呼应《国际铁路直通联运公约》第四条的内容，但是第四条中开展合作的主体不仅包括国际组织，还包括国家、区域经济一体化组织以及联盟，对国际组织的限定词也有所不同，第四条规定为利益和活动与铁组宗旨有关的国际组织，因此第七条第八款与第四条规定存在不符，笔者未见得将国际组织作为特别合作对象规定在第七条的必要性，也无法从文意的角度解释为何第七条中删除了第四条中其他主体的表述。笔者认为《国际铁路直通联运公约》第七条第八款与第四条的规定从体系上看存在不一致的情况，应当如前文所述将第四条所述主体进行统一和明晰的基础上，在第七条第八款同样采取相应表述，以使前后文指代一致。

第九款规定了铁组可以制定铁路公司（机构）之间办理国际铁路运输及相关服务的财务清算原则。这是由于铁组成员的特殊性决定的，根据《国际铁路直通联运公约》第九、十条的规定，虽然铁组的组成成员是各国政府和区域经济一体化组织，但是铁路公司（机构）却可以参加铁组的工作。铁路公司（机构）参与铁组工作的具体内容将在下文详细论述，由于存在这样特殊的参加形式，铁组的工作方向中不可或缺地涵盖了制定铁路公司（机构）之间办理国际铁路运输及相关服务的财务清算原则。然而，在铁路公司（机构）参与铁组公司活动的情况下，产生的法律关系不仅仅是铁路公司（机构）之间的法律关系，还有铁路公司（机构）与铁组之间的法律关系同样需要调整，除此之外，铁组与铁路公司（机构）之间，铁路公司（机构）相互之间的关系应当也不限于财务清算关系，因此，基于以上原因考虑，应当修改该条规定，扩大其调整范围，使其全面覆盖铁路公司（机构）参加铁组活动的相关法律关系。

第十款赋予了铁组就适用铁组有关组织和办理国际铁路客货运输方面的法律文件问题开展培训的义务。这一条款是 2015 年版的公约条文新增加的内容，但除《国际铁路直通联运公约》正文外，公约全文包括附件中均未曾再提到有关培训的相关事宜。为明确这里提到的培训是何种性质的培训，是否具有强制性，由铁组的哪一机构开展，开展的对象是铁路公司（机构）还是缔约方政府，培训的内容是仅限于狭义上的国际铁路客货运输（公约正文、附件一、二、三）法律文件，还是同样涵盖国际铁路联运中的运输工具运用、铁路基础设施建设等多个方面，公约仍需进一步细化并进行说明以明确其含义。

2.2.2 铁组的参加方包括缔约各方及铁路公司（机构）

根据《铁组公约》第九条的规定，铁组成员是缔约各方，以及按本公约第六十一条和第六十二条规定办法加入本公约的各国政府和区域经济一体化组织。对于意欲加入公约的各国政府，其需要赞同《国际铁路直通联运公约》所载的铁组宗旨和原则，同时需要向保存人提交关于有意愿成为铁组成员的正式书面申请。保存人应将收到申请一事通知铁组成员。如该通知自寄送之日起的 90 个日历日内未收到铁组成员的反对意见，则该政府加入铁组一事生效。如果收到铁组某一成员的反对意见，则保存人应将该加入申请提交部长会议，以通过决议，在通过接受决议以后，加入一事生效。

对于意欲加入公约的区域经济一体化组织，其需要具备两个条件：第一，该区域经济一体化组织在《国际铁路直通联运公约》涉及的领域内对其成员具有强制性立法权限；第二，该区域经济一体化组织的成员有一个或几个为铁组成员方。其余的条件由铁组和区域经济一体化组织之间签订的协议规定。区域经济一体化组织可以享有其成员根据《国际铁路直通联运公约》在其权限范围内所拥有的权利。这同样也适用于铁组成员根据本公约应承担的义务，但《国际铁路直通联运公约》第五十二条规定的财务义务（会费）除外。

需要注意的是，针对区域经济一体化组织行使表决权的提案呈现两种不同的方案，由欧盟委员会提出的，匈牙利、格鲁吉亚、拉脱维亚、立陶宛、波兰、斯洛伐克、捷克和爱沙尼亚赞成的第一种方案提议：行使表决权时，区域经济一体化组织拥有与其同时也是铁组成员方的成员数量相同的表决票数。这些国家可以行使自己的权利，包括表决权，但仅限本条第二款允许的范围内。区域经济一体化组织对本公约第十四节所载问题（铁组预算）不享有表决权。阿塞拜疆、白俄罗斯、伊朗、哈萨克斯坦、中国、朝鲜、摩尔多瓦、蒙古、俄罗斯、乌兹别克斯坦、塔吉克斯坦和乌克兰赞成的第二种方案提议：区域经济一体化组织拥有与其同时也是铁组成员方、出席会议的内部成员数量相同的表决票数。如该组织中任一成员行使了自己的权利，则该组织不再享有表决权，反之亦然。区域经济一体化组织成员可以行使自己的权利，包括表决权，但仅被限制在本条第二款允许的范围内。区域经济一体化组织对本公约第十四节所载问题（铁组预算）不享有表决权。

笔者认为，上述两种提案的区别在于两点：一方面，区域经济一体化组织拥有的表决票数。方案一仅规定了区域经济一体化组织拥有与其同时也是铁组成员方的成员数量相同的表决票数，方案二则不仅要求其票数等于与其同时也是铁组成员方的数量，同时还要求其出席会议。笔者认为在这一问题上方案二更具有合理性，赋予出席会议的成员方以表决权不仅在情理上更合理，在实践中也更具有可操作性。此外，《铁组公约》在结构上与公司章程具有极高的相似性，而公司章程一般会赋予出席会议的股东/董事以表决权，从这个角度上来说，要求缔约方政府出席会议以获得表决权也具有相当的合理性。另一方面，如果区域经济一体化组织中的成员行使了自己的权利，则该组织是否还享有表决权。笔者更倾向于方案二的规定，在区域经济一体化组织的决策过程中，其决策结果难免会体现部分强国的利益需求，允许区域经济一体化组织的成员方和该组织自身重复投票可能会重复体现组织中强国的利益，或者使部分国家拥有的表决权所占权重不正当地增加。然而，笔者认为若将区域经济一体化组织视为一个独立于其组成国家的个体，则应当赋予其与组成国家相同的表决权，而不是拥有与其同时也是铁组成员方数量的表决票数，无论是方案一还是方案二的安排，都没能很好地确立区域经济一体化组织的独立地位，笔者认为应当参照欧盟作为区域经济一体化组织在世界贸易组织等政府间国际组织的表决权设置机制，改进铁路合作组织的表决权机制。

铁路合作组织一个最为突出的特点是满足条件的铁路公司（机构）可以参与铁组工作。根据《铁组公约》第十条的规定，在铁组成员方内注册并开展活动、办理国际运输和 / 或拥有（管理）用于办理上述运输的铁路基础设施的任何所有制形式的铁路公司（机构），或者管理和 / 或领导这些铁路公司的联合体（控股公司等），可以参加铁组工作。应当注意的是，参加铁组的工作并不等于成为铁组成员，铁组作为政府间国际组织，其成员是各国政府和区域经济一体化组织。但是，这一规定赋予了部分铁路公司（机构）参与铁组工作的权利，笔者认为，这一创新性规定对国际铁路联运发展具有极强的益处。在实践中，政府层面签订的铁路联运公约最终履行还是会落实到铁路公司（机构）之上，将铁路公司（机构）纳入铁组工作的参与者之中不仅能够在决策层面吸取铁路公司（机构）的意见和建议，弥补决策层面可能会缺失的实践数据和专业知识，而且由铁路公司（机构）自身参与制定的公约在其履行时也会更具积极性，有助于铁路联运公约的切实履行。当然，这一规定也存在一定的弊端，大型的铁路公司（机构）可能会利用这一时机运用自身的决策优势打压其竞争对手，谋取自身的不正当利益，从而达到垄断等不正当竞争的目的，不利于铁路市场的健康发展。这就要求铁组在进行相关活动时一方面要兼顾铁路公司（机构）的合理需求，听取其专业意见及实践需求；另一方面要警惕其利用决策层面的优势地位，危害相关市场的良性竞争。

2.2.2.1 铁组观察员作为铁路合作组织的参加形式

除缔约方政府、区域性经济一体组织、满足《铁组公约》第十条规定的铁路公司（机构）外，非缔约方的第三国政府或非缔约方的第三国铁路公司（机构）也可以以铁组观察员的身份参与铁组的活动。根据身份的不同，作为铁组观察员参加铁路合作组织又可以分为两种：部长会议层面的铁组观察员和铁路公司大会层面的铁组观察员。

根据《铁组公约》第十一条的规定，赞同铁组活动宗旨和原则，并对铁组某些活动方向感兴趣的第三国政府，及非缔约方政府，在向铁组委员会主席提出正式书面申请后，部长会议可以据此赋予其部长会议层面的铁组观察员资格。部长会议层面的铁组观察员有权：（1）参加铁组运输政策和发展战略专门委员会及运输法专门委员会的工作，并享有发言权；（2）参与研究部长会议议程中的问题，但不享有表决权。根据《铁组公约》第三十一条的规定，铁路合作组织的专门委员会包括运输政策和发展战略专门委员会、运输法专门委员会、货物运输专门委员会、旅客运输专门委员会、基础设施和机车车辆专门委员会、编码和信息技术专门委员会、财务和清算问题专门委员会共七个专门委员会，但是部长层面的铁组观察员仅有权参加其中铁组运输政策和发展战略专门委员会及运输法专门委员会的工作。笔者认为，上述两个专门委员会的工作性质与铁组的宏观战略目标、工作方向及运输政策有关，铁组观察员应为非缔约方政府的过渡性安排，对于处于观望状态的第三国政府，允许其了解铁路合作组织的宏观性战略方向，对于其决定是否加入铁路合作组织是有助益的，但其他专门委员会的工作内容可能涉及铁组成员之间的具体政策和利益，不便让处于观察员地位的第三国政府参与。除此之外，第三国政府还可以参与研究部长会议议程中的问题，但不享有表决权，这也是与第三国政府的观察员身份相符的规定。

与此类似的，满足条件的第三国铁路公司（机构）也可以获得铁路公司大会层面的铁组观察员资格。根据《铁组公约》第十一条第二款的规定，作为国际联运承运人和/或基础设施管理者的第三国铁路公司（机构），或这些公司的联合体（控股公司等），如其赞同铁组活动的宗旨和原则，并对铁组某些工作方向感兴趣，在向铁组委员会主席提出正式书面申请后，铁路公司大会可以据此赋予其铁路公司大会层面的铁组观察员资格。铁路公司大会层面的铁组观察员有权：（1）参加货物运输专门委员会、旅客运输专门委员会、基础设施和机车车辆专门委员会、编码和信息技术专门委员会，以及财务和清算问题专门委员会的工作，并享有发言权；（2）参与研究铁路公司大会会议议程中的问题，但不享有表决权。与部长会议层面的铁组观察员恰恰相反，铁路公司大会层面的铁组观察员有权参与各个具体专门委员会的工作，却不能参与涉及宏观战略方向的铁组运输政策和发展战略专门委员会及运输法专门委员会的工作。笔者认为，这恰恰体现了一国政府和铁路公司（机构）在国际铁路联运中地位和作用的不同。对于一国政府来说，其有权力决定一国的铁路运输战略，而参与国际联运或基础设施管理的铁路公司（机构）则会被具体的铁路运输/建设事项影响，允许铁路公司大会层面的铁组观察员参与的专门委员会会议均为可能会影响铁路公司（机构）具体利益的事项，而宏观的战略目标及方向则是铁路公司（机构）无权左右的。同样的，铁路公司大会层面的铁组观察员在会议议程中不享有表决权。

与此同时，根据《铁组公约》第十一条第三款的规定，关于行使上述权利以及履行《国际铁路直通联运公约》所产生的义务的办法，由观察员与铁组委员会之间签订的协议确定。铁组观察员单独参加铁组活动。笔者认为，这一规定意味着铁组观察员享有的具体权利及履行的具体义务需要由铁组观察员与铁组委员会另外签订协议，这一要求虽然赋予了铁组观察员权利义务的灵活性，但是可能给铁组委员会的工作造成负担，尤其是在第三国铁路公司（机构）作为铁组观察员的情况下，同时可能导致不同的铁组观察员之间享有的权利和承担的义务不相等的情况，有歧视性待遇的嫌疑。笔者认为应当相对统一铁组观察员的待遇，进一步细化和明确铁组观察员的地位和权利义务关系。

铁组加入企业参与铁组活动在新时期有了新的发展。铁组加入企业的形式反映了铁组是一个务实的国际组织，因为任何国家的企业，无论其开展哪一领域的活动，无论企业所有制或公司类型如何，都可参与铁组合作。铁组加入企业参与合作的主要条件之一是，企业提出合作申请。第四十届部长会议决定，铁组加入企业不仅可以参加总局长会议层面铁组工作机关的工作，也可以参加部长会议层面铁组工作机关的工作。过去时期，铁组加入企业主要是从事运输建设和运输服务的铁路企业，以及铁路技术设备生产厂商。近年来，许多拥有资字的承运人、机车车辆经营人或代理公司等成为铁组加入企业的情况越来越多。因此，加入企业正越来越多地参与货物和旅客运输专门委员会的工作，同时还努力参与运输法问题的研究。由于一些国家成为铁组成员的问题没有获得一致支持，因此，这些国家的铁路公司便通过成为铁组加入企业而参与了铁组合作。加入企业不仅参加了铁组工作机关的工作和会议，还在某些情况下成为这些活动的组织者。加入企业代表固定参加铁组铁路总局长（负责代表）会议。但是应当注意的是，公约并未就新的情况修改其规定，存在滞后的现象，应当及时进行更新，以适应新时期的需求，同时避免部长会议层面的企业存在无法可依的情况出现。

2.2.2.2 铁组联系企业（组织）作为铁路合作组织的参加形式

根据《铁组公约》第十一条第二部分的规定，其活动符合铁组宗旨和原则的商业性组织或协会，在向铁组委员会主席提出正式书面申请后，铁路公司大会可以据此赋予其铁组联系企业的资格。铁组联系企业有权：（1）参加货物运输专门委员会、旅客运输专门委员会、基础设施和机车车辆专门委员会、编码和信息技术专门委员会，以及财务和清算问题专门委员会的工作，并享有发言权；（2）参与研究铁路公司大会会议议程中的问题，但不享有表决权。关于行使上述权利和履行《国际铁路直通联运公约》所产生的义务的办法，由联系企业与铁组委员会之间签订的协议确定。铁组联系企业可以单独或集体参加铁组活动。由上述规定可知，铁组联系企业作为铁路合作组织的参加形式和铁路公司大会层面的铁组观察员具有极高的相似性，笔者认为这是由于铁组联系企业与第三国铁路公司（机构）的相似性决定的，由条文原意可知，《铁组公约》第十一条第二部分中的“铁组联系企业”其实指的是“商业性组织或协会”，这里的“企业”其含义并非一般意义上的公司企业，而是具有集合含义的组织或协会，即一般意义上的商会、协会等，因此笔者认为这里的“铁组联系企业”改为“铁组联系组织”更为恰当。而且，由于商业性组织或协会一般为企业的集合体，故这一部分的规定与第三国铁路公司（机构）作为铁组观察员的规定具有极高的相似性，除铁组联系企业可以单独或集体参加铁组活动外，其他规定几乎完全相同或近似，而可以单独或集体参加活动的规定也其实意味着上述商业性组织或协会可以作为组织参与铁组活动，也可以由其组织或协会中的单个企业单独参加铁组的活动，在这种情况下，其参与形式则与上一款的铁路公司大会层面的铁组观察员一致。

2.2.3 铁路合作组织的机构

根据《铁组公约》第十二条的规定，铁组机构包括：

（1）部长会议；

（2）铁路公司大会；

（3）监察委员会；

（4）授权代表会议；

（5）铁组委员会；

（6）铁组专门委员会；

（7）根据部长会议或铁路公司大会决议成立的其他机构。

本条第一款所载（第七项除外）机构的职能和工作办法，由本公约予以规定。本条第一款第七项所载机构的职能和工作办法，由部长会议和铁路公司大会核准的决议或单独的细则予以确定。

铁组机构的前六项组成机构将在后文详细展开论述。《铁组公约》第七项赋予了部长会议或铁路公司大会决议成立其他机构的权力。笔者认为，这一规定是符合当前铁路联运快速发展的需求的，部长会议或铁路公司大会可以根据现实需求，灵活决定设立其他机构以满足实际需要，赋予了其一定的自由裁量权。

2.2.3.1 部长会议

2.2.3.1.1 部长会议的一般规定

部长会议是铁组最高领导机关，部长会议参考铁组铁路总局长（负责代表）会议的建议，在政府一级审查与铁组活动方向相关的所有问题，并就这些问题通过决议。部长会议一般每年举行一次会议。根据《铁组公约》第十三条的规定，部长会议由铁组成员指定的铁组成员授权机构负责人组成，铁组成员应将此情况通报本公约保存人。部长会议决议在部长会议上通过，对铁组成员具有约束性，但铁组成员可在满足以下条件的情况下作出声明，以使该决议对该成员不具有约束性，即作出保留：如果执行这些决议对国家安全、环境、公民生命和健康造成威胁和/或与其作为参加方的其他国际协议中的义务相抵触时，铁组成员可以作出关于不执行这些决议的声明。这一规定不同于《铁组公约》第七十二条规定的保留，第七十二条规定的保留是针对排除或改变《铁组公约》条款本身的法律效力，而第十三条的声明是针对部长会议作出的决议，可以说依据《铁组公约》第七十二条作出的保留为事前保留，即对条约本身作出的排除或改变性声明，导致条约的内容对未来事项的不适用，而第十三条的声明则是针对部长会议已经作出的决议的不执行的声明，是事后的排除适用。同时，分析排除适用部长会议决议的条件可以发现，对国家安全、环境、公民生命和健康造成威胁和/或与铁组成员作为参加方的其他国际协议中的义务相抵触的情形规定相对宽泛，前者在解释时存在一定的自由裁量的空间，仅"国家安全"的概念就因为过于宽泛而经常被利用作为不履行公约义务的借口。而后者与铁组成员参与的其他国际协议中的义务相抵触的规定虽然体现了《铁组公约》对铁组成员参与的其他国际协议的礼让的态度，但是在实践中会大大削减《国际铁路直通联运公约》适用的效力，导致公约适用效果的不一致。

针对不执行上述决议声明的除外情况，即根据《铁组公约》第十四条第一款第十一项（研究并通过有关修改和补充本公约的决议）、第四十四条（铁组成员之间及铁组成员与铁组之间争议的解决）、第六十三条（未履行义务时限制参加铁组活动的权利）和第六十四条（从铁组中除名）通过的决议，即使执行上述决议符合上述条件，铁组成员也不得作出关于不执行上述决议的声明，笔者的分析如下。

第一，《铁组公约》第十四条第一款第十一项内容为研究并通过有关修改和补充本公约的决议，如果根据《铁组公约》原文作出的部长会议决议在满足对国家安全、环境、公民生命和健康造成威胁和／或与其作为参加方的其他国际协议中的义务相抵触时，铁组成员可以作出不执行上述决议的声明，而对于通过有关修改和补充《铁组公约》的决议在满足上述条件时却不能作出不执行该决议的声明，其在逻辑上是不合理的。

第二，《铁组公约》第四十四条内容为铁组成员之间及铁组成员与铁组之间争议的解决，这一问题在下文中还会详细展开说明，其中涉及国际法院的强制管辖，而包括中国在内的许多铁组成员都对国际法院的强制管辖提出了保留，因此国际法院的强制管辖不能适用，在《铁组公约》中无视众多国家对国际法院强制管辖的保留而进行上述规定存在不合理性。

第三，对于《铁组公约》第六十三条（未履行义务时限制参加铁组活动的权利）和第六十四条（从铁组中除名）通过的决议，铁组成员不得因满足上文中的条件而提出不执行的声明，笔者认为这一规定具有合理性，因为《铁组公约》第六十三条与第六十四条涉及铁组成员的身份资格问题，对这一问题进行除外规定有助于保证部长会议的权威性和最高领导机构的地位。

2.2.3.1.2　部长会议的权限

部长会议的权限包括：

（1）研究并通过：有关促进形成国际铁路运输方面的运输政策方向，制定铁路运输发展战略；制定和完善有关铁路运输及过境运输便利化的国际法；根据本公约及在铁组范围内签订的、与国际铁路联运有关的国际协议开展工作；[上述决议不包括掌管铁路公司（机构）在铁组范围内签订的协议]、发展运输联系和与国际组织开展合作所载的铁组工作方向的决议；

（2）核准年度总结报告和属于其权限的铁组工作方向的工作纲要；

（3）核准铁组预算、《铁组预算收支的计划、核算和决算办法》，确定会费额度；

（4）核准铁组委员会定员表；

（5）核准铁组监察委员会的成员组成和报告；

（6）按照本公约第六十三条规定的办法，研究并通过有关限制铁组成员参加铁组活动的权利，以及有关取消该限制的决议；

（7）按照本公约第六十四条规定的办法，研究并通过有关开除铁组成员的决议；

（8）研究并通过有关赋予、中止和剥夺部长会议层面的铁组观察员地位的决议；

（9）研究并通过有关成立铁组专门委员会和根据部长会议或铁路公司大会决议成立的其他机构及其工作组织问题的决议；

（10）核准铁组委员会的职位分配办法；

（11）研究并通过有关修改和补充本公约的决议；

（12）在本公约第六十一条第四款规定的情况下，即愿意加入铁组的国家的政府，向保存人提交归于有意愿成为铁组成员的正式书面申请，本公约的保存人将收到的申请一事通知铁组成员，在该通知寄送之日起的 90 个日历日内收到了某一成员的反对意见，则此时保存人应将加入申请提交部长会议，部长会议决定通过接纳该铁组新成员的决议；

（13）核准和修改由本公约所产生的规则；

（14）通过关于建立统一技术规范体系并将其作为对铁路机车车辆综合技术要求以及是否符合这些要求的评定机制的决议；

（15）协调本公约运输政策和发展战略专门委员会和运输法专门委员会所载的铁组专门委员会的工作；

（16）根据铁组工作方向通过有关与国际组织签订合作协议的决议；

（17）通过有关本公约第四十四条所载问题铁组成员之间及铁组成员与铁组之间争议的解决的决议；

（18）研究铁路公司大会工作报告并将其备案；

（19）研究并通过本公约所产生的其他问题的决议，但属于铁路公司大会权限的问题除外。

除此之外，部长会议通过其会议议事规则，选出工作机构，通过其权限范围内有关组织和行政管理问题的决议。

在上述部长会议的权限中，笔者认为，第四项与第十项在含义上存在重合，可以考虑合并，或明确第四项与第十项的区别。另外，第一项的规定将铁路公司（机构）在铁组范围内签订的协议排除在部长会议的权限范围之外，第十九项也将属于铁路公司大会权限范围之内的问题做出了相同的安排，笔者认为，这一规定可能与部长会议的最高领导机构的规定不符，建议参照一般公司章程的权限分配安排，由铁路公司大会负责拟定，而由部长会议负责通过或批准。

2.2.3.1.3　部长会议的会议

根据《铁组公约》第十五条的规定，如有不少于三分之二的铁组成员授权机构负责人或其授权人员出席会议，则该届部长会议即为有效。关于表决的程序，铁组的每一个成员拥有一票表决权，在对与铁组范围内签订的协定和协议有关的问题进行表决时，只有这些协定和协议的参加方享有表决权。如果铁组成员作出了保留声明，则其不参加该项保留声明问题的表决。表决按照俄文字母表的字母顺序公开进行。

首先，部长会议的表决决议按出席会议的铁组成员授权机构的四分之三多数票通过，但关于核准年度总结报告和属于其权限的铁组工作方向的工作纲要；核准铁组预算、《铁组预算收支的计划、核算和决算办法》，确定会费额度；核准铁组委员会定员表；

按照本公约第六十三条规定的办法，研究并通过有关限制铁组成员参加铁组活动的权利，以及有关取消该限制的决议；按照本公约第六十四条规定的办法，研究并通过有关开除铁组成员的决议；核准铁组委员会的职位分配办法；和通过关于建立统一技术规范体系并将其作为对铁路机车车辆综合技术要求以及是否符合这些要求的评定机制的决议除外，关于这些问题的决议应一致通过，而关于研究并通过有关修改和补充本公约的决议应以五分之四多数票通过。在就研究并通过有关限制铁组成员参加铁组活动的权利，以及有关取消该限制的决议，研究并通过有关开除铁组成员的决议时，被研究是否应对其采取这些条款所规定措施的铁组成员不参加表决。其次，根据本公约第四十四条进行铁组成员之间及铁组成员与铁组之间争议的解决时，作为争议方的铁组成员，在部长会议研究该争议时，不参加表决。另外，部长会议通过文件时应考虑铁路公司大会的建议。最后，如在部长会议决议或本公约中未规定其他期限，则部长会议决议自会议结束之日起生效。部长会议的决议以议定书形式编制。

针对上述规定，笔者认为，虽然《铁组公约》对部长会议决议时事项的票数问题规定相对具体，但是关于会议的召集方、会议地点、会议时间、会议周期、会议语言等均未作出规定，应当在日后的公约文本中补全。

铁组成员授权机构负责人的授权代表会议规定在《铁组公约》的第十九条，铁组成员授权机构负责人授权代表会议：

（1）研究并商议向部长会议提交的材料和决议草案。

（2）核准属于部长会议权限范围的铁组工作机构的工作计划。

（3）根据部长会议授权的职能研究和通过决议。但是下列职能不得授权：

研究并通过：有关促进形成国际铁路运输方面的运输政策方向，制定铁路运输发展战略；制定和完善有关铁路运输及过境运输便利化的国际法；根据本公约及在铁组范围内签订的、与国际铁路联运有关的国际协议开展工作；[上述决议不包括掌管铁路公司（机构）在铁组范围内签订的协议]、发展运输联系和与国际组织开展合作所载的铁组工作方向的决议；核准年度总结报告和属于其权限的铁组工作方向的工作纲要；核准铁组预算、《铁组预算收支的计划、核算和决算办法》，确定会费额度；核准铁组委员会定员表；核准铁组监察委员会的成员组成和报告；按照本公约第六十三条规定的办法，研究并通过有关限制铁组成员参加铁组活动的权利，以及有关取消该限制的决议；按照本公约第六十四条规定的办法，研究并通过有关开除铁组成员的决议；研究并通过有关赋予、中止和剥夺部长会议层面的铁组观察员地位的决议；核准铁组委员会的职位分配办法；研究并通过有关修改和补充本公约的决议；在本公约第六十一条第四款规定的情况下，即愿意加入铁组的国家的政府，向保存人提交归于有意愿成为铁组成员的正式书面申请，本公约的保存人将收到的申请一事通知铁组成员，在该通知寄送之日起的 90 个日历日内收到了某一成员的反对意见，则此时保存人应将加入申请提交部长会议，部长会议决定通过接纳该铁组新成员的决议；核准和修改由本公约所产生的规则；通过关于建立统一技术规范体系并将其作为对铁路机车车辆综合技术要求以及是否符合这些要求的评定机制的决议；通过有关本公约第四十四条所载问题铁组成员之间及铁组成员与铁组之间争议的解决的决议；研究铁路公司大会工作报告并将其备案；

（4）通过有关设立铁组专门委员会临时工作组和终止其活动的决议。

同时，每年应当召集不少于一次的铁组成员授权机构负责人授权代表会议联席会议，并根据上述权限范围通过有关问题的决议。铁组成员授权机构负责人授权代表会议及联席会议的议事规则均由部长会议核准。

2.2.3.2　铁路公司大会

2.2.3.2.1　铁路公司大会的一般规定及会议

铁路公司大会是代表铁路公司（机构）的利益，根据公约的规定在其权限范围内开展活动的铁组领导机构。《铁组公约》中对于铁路公司大会地位的规定具有一定的模糊性，同为铁组的领导机构,《铁组公约》并未明确铁路公司大会与部长会议之间的关系。

根据《铁组公约》第十六条第二款的规定，铁路公司大会的参加方是表示愿意参加大会工作并符合本公约规定要求的铁路公司（机构）或这些铁路公司的联合体（控股公司等），或其国内联盟。由铁组成员授权机构向铁组委员会通报本国的大会参加方组成及享有表决权的大会参加方。每个国家自行确定选择条件。笔者认为，这一条款确定了划分铁路公司大会参加方的范畴，并赋予了每个国家自行确定选择铁路公司大会参加方的权利和自由。但是这一条款的表述不够严谨并存在逻辑上的弊病。“由铁组成员授权机构向铁组委员会通报本国的大会参加方组成及享有表决权的大会参加方”的表述制造了大会参加方可能不具有表决权的疑惑，根据文意，似乎大会的参加方包括享有表决权的大会参加方和不享有表决权的大会参加方。笔者认为，理解该条款需要结合《铁组公约》第三十七条的规定，铁路公司大会会议的决议，按出席会议的参加方三分之二多数票通过，并遵循“一国一票”的原则。该条款在理解上存在一定的不确定性，根据《铁组公约》第十六条第二、三款的规定，铁路公司大会参加方的数量不受限制，且由各个国家自行确定选择铁路公司大会参加方的条件，因此每个国家可能有多个铁路公司大会的参加方。然而，根据“一国一票”原则，在一个国家派出多个铁路公司大会参加方的情况下，其仍然仅享有一个表决票，也因此，在铁路公司大会会议上的表决将会出现部分大会参加方具有表决权而部分不具有表决权的情况。上述理解是笔者秉持着《维也纳条约法公约》的善意原则[①]进行解释的结果，但这一解释是公约的原意，抑或公约条款仍需严谨其表述则不得而知。

代表铁路公司大会参加方参加大会会议的是该参加方的负责人或负责人的授权人员。如铁路公司大会参加方通过了决议，则这些决议对大会参加方具有约束性。否则，这些文件具有建议性。笔者认为，这一条款后半部分的表述有些冗余。同时，结合《铁

① Vienna Convention on the Law of Treaties art. 32, *opened for signature* May 23, 1969, 1155 U.N.T.S. 331.

组公约》第三十七条关于在铁路公司大会会议上的表决，铁路公司大会会议的决议，按出席会议的参加方三分之二多数票通过，并遵循“一国一票”的原则。对于具有财务影响的问题，在铁路公司大会会议上以一致通过的方式通过决议，并遵循“一国一票”的原则。对于签订、修改或废除以铁路公司大会参加方为其协议各方的经济协议方面的问题，按照这些协议本身规定的情况和规则，在铁路公司大会会议上予以表决。笔者认为《铁组公约》第三十七条的表述不够严谨。

首先，为使铁路公司大会的会议本身有效，应有不少于三分之二享有表决权的铁路公司大会参加方出席会议。对于决议来说，铁路公司大会会议的决议，按出席会议的参加方三分之二多数票通过，但按照“一国一票”的原则，经过上文的论述，可能存在部分参加方拥有表决权而部分参加方没有表决权的情况，因此这里应当修改为“出席会议的拥有表决权的参加方三分之二多数票通过”以避免混淆。

其次，关于“具有财务影响的问题”，其概念需要进一步明确，根据条文原意，该种问题需要一致通过，才足以显示出具有财务影响的问题的重要性，也因此，需要对这一类问题的概念进行进一步的明确。同时，在“一致通过”要求的前提下，还需要明确弃权票的意义，是视为同意，不影响最终结果，还是相当于否定，若不明确相关概念，将为日后的实践埋下隐患。

2.2.3.2.2 铁路公司大会的权限

根据《铁组公约》第十七条的规定，下列问题属于铁路公司大会的权限。

（1）研究和商定铁组工作机构编制的有关修改补充由本公约规定所产生的规则和细则的提案，并将其提交铁组部长会议。

（2）参与、落实下列铁路合作组织的工作：根据公约及在铁组范围内签订的、与国际铁路联运有关的国际协议开展工作；发展和完善国际铁路运输、提高其安全性，包括利用其他运输方式开展的运输；在铁路运输和编码相关的经济、信息和科技方面开展合作；在运输工具运用和铁路基础设施运营方面，就与进一步发展和组织国际铁路运输有关的技术和运营问题开展合作；制定铁路公司（机构）之间办理国际铁路运输及相关服务的财务清算原则。

（3）研究并通过有关赋予、中止和剥夺铁路公司大会层面的铁组观察员地位的决议。

（4）赋予铁组联系企业地位。

（5）协调下列铁组专门委员会的工作：货物运输专门委员会负责落实属于铁路公司大会权限内有关掌管由铁路公司（机构）在铁组范围内签订的货物运输运营问题协议事务方面的铁组主要工作。旅客运输专门委员会负责落实属于铁路公司大会权限内有关掌管由铁路公司（机构）在铁组范围内签订的旅客运输运营问题协议事务方面的铁组主要工作。基础设施和机车车辆专门委员会负责落实属于铁路公司大会权限内基础设施和机车车辆方面的铁组主要工作。编码和信息技术专门委员会负责落实属于铁路公司大会权限内编码和信息技术方面的铁组主要工作。财务和清算问题专门委员会负责落实属于铁路公司大会权限内与国际铁路旅客和货物联运清算相关问题方面的铁组主要工作。

（6）成立属于铁路公司大会权限的铁组工作方向的专门临时工作组。

（7）研究铁组预算草案并提出建议。

（8）保证铁路公司大会参加方履行铁组领导机构的决议。

（9）协调铁路公司大会参加方开展有关准备、讨论、签订和修改经济协议的工作，以落实属于铁路公司大会权限的铁组工作。

（10）编制并通过有关经济、财务、运营、技术、工艺和其他方面的格式化协定、规则和规程，以实行并始终一致地适用关于本公约所调整的铁路运输方面的国际协定。

（11）研究并通过由本公约产生的、属于铁路公司大会权限的其他问题的决议。

铁路公司大会可以就铁组所有工作方向编制提案，供部长会议研究。铁路公司大会通过其会议议事规则，选出工作机构，通过有关其权限范围内的组织和行政管理问题的决议。铁路公司大会向部长会议提交自方工作报告。

在铁路公司大会的权限问题的规定中，笔者认为有以下问题值得考量。

首先，铁路公司大会第四项，铁路公司大会可以赋予铁组联系企业地位。但同时，相比较部长会议层面铁组观察员的规定与铁路公司大会层面的铁组观察员的规定，可以发现这里欠缺了中止、剥夺铁组联系企业地位的规定。通观公约全文，也并未发现何时可以中止及剥夺铁组联系企业的地位。笔者认为这一疏漏应当在日后的公约修订中补足。

其次，铁路公司大会就铁组工作方向编制提案供部长会议研究的规定体现了部长会议和铁路公司大会地位与权限的差别，即部长会议是铁路合作组织的最高领导机关。但是权限规定第五项将协调铁组专门委员会工作中的部分权能赋予了铁路公司大会，即由铁路公司大会负责协调货物运输专门委员会、旅客运输专门委员会、基础设施和机车车辆专门委员会、编码和信息技术专门委员会及财务和清算问题专门委员会的工作。相似地，《铁组公约》第十四条第十五项将协调铁组专门委员会工作中的部分内容赋予了部长会议，即由部长会议负责协调运输政策和发展战略专门委员会和运输法专门委员会的工作。笔者认为，这样的规定一方面是由于运输政策和发展战略专门委员会及运输法专门委员会涉及的工作内容对于铁组的发展具有宏观统领和领导的作用，因此应该由铁路合作组织的最高领导机构负责。而其他专门委员会的工作内容相对具体，故而交由铁路公司大会负责协调。《铁组公约》第三十一条第十三、十四款也规定，本条第六款和第七款所载的涉及专门委员会主要活动方向的主要职能和任务一览表由部长会议核准。本条第八款至第十二款所载的涉及专门委员会主要工作方向的主要职能和任务一览表由铁路公司大会核准。可见铁路合作组织对专门委员会的分工相对明晰。但是另一方面，专门委员会之间属于平级关系，分属不同的领导机构负责可能会使部长会议的最高领导机构的权威受到挑战。同时，《铁组公约》第三十一条第十五款规定，各专门委员会可以承担铁组领导机构确定的其他任务，而根据公约的规定，部长会议和铁路公司大会均属于铁组的领导机构，这在实践中有可能会出现授权不一致的情况，笔者认为为避免类似争议的发生，应当在公约中明确部长会议和铁路公司大会的权限分配。

2.2.3.3 铁组委员会

2.2.3.3.1 铁组委员会的一般规定

铁组委员会是铁组的常设执行机构，根据《铁组公约》开展活动，其备有印章，样式由部长会议核准，常住地为波兰共和国华沙市，驻在条件由铁组与委员会常驻国之间签订的相应国际协议确定。

委员会保证落实铁组领导机构通过的决议，其中包括：

（1）分析和协调铁组领导机构决议以及铁组工作纲要和计划的落实；

（2）促进铁组成员、铁路公司大会参加方和铁组机构之间的相互协作；

（3）对有关适用本公约、铁组协定、协议和文件的问题提供咨询；

（4）根据部长会议决议履行铁组领导机构和铁组其他机构秘书处的职能。

委员会为铁组活动提供组织、信息、分析和咨询保证，其中包括：

（1）准备有关铁组活动问题的铁组机构决议草案的提案；

（2）根据部长会议和铁路公司大会的委托，与铁组观察员和铁组联系企业签订协议；

（3）出版铁组标准文件、参考资料和定期刊物；

（4）组织铁组专门委员会会议，保证翻译、复印和及时向铁组成员寄送与铁组活动有关的文件；

（5）可就铁组活动的任何问题提出议案，供铁组领导机构研究；

（6）保存铁组机构会议议定书正本；

（7）组织和保证对铁组网站进行实时更新；

（8）与政府间和非政府间国际组织签订合作协议。

委员会提出有关成立铁组临时工作组的议案，供铁组领导机构核准。委员会与国际组织的执行机构和工作机构在铁路运输领域开展合作。委员会编制有关铁组上一年度预算执行情况的报告草案以及铁组工作年度总结报告草案，并提交核准。委员会履行本公约或铁组领导机构赋予的其他职能。

就委员会的权限而言，针对上述规定，笔者认为存在以下问题。

首先，委员会权限中“领导机构”的说法需要明确指代。根据《铁组公约》的条文内容，部长会议为“最高领导机构”，而铁路公司大会为“领导机构”，从逻辑上说部长会议与铁路公司大会应当均属于这里指称的“领导机构”的范畴。然而，这一条款同时也出现了“部长会议和铁路公司大会”的表述，如果二者指代的是同一对象的话则在同一条款中使用不同的表述存在不妥，而且有可能产生“领导机构”仅指铁路公司大会的疑惑。笔者认为，在同一公约中应当统一名称的指代，或直接言明对象是“部长会议”或“铁路公司大会”，或在公约的前端用术语定义（Terminology Definition）的形式明确“领导机构”“最高领导机构”的指代对象，否则将给条约的解释造成困扰。

其次，委员会咨询权限的第四项规定中应当将铁路公司大会也增加为寄送与铁组活动有关文件的对象，根据上文的分析，铁路公司大会也负责协调部分专门委员会的工作，因此向其寄送专门委员会与铁组活动有关的文件同样具有必要性。

再次，上述寄送文件的内容应当不限于专门委员会的会议，其范围应当扩大到铁组各个会议的内容。这是因为部长会议和铁路公司大会均为铁路合作组织的领导机构，它们的工作范围应当不限于专门委员会的会议。

最后，关于委员会与政府间和非政府间国际组织签订合作协议的规定，笔者认为应当增加“提交部长会议核准”的表述。如前文所述，部长会议的权限中包括根据铁组工作方向通过有关与国际组织签订合作协议的决议，如果赋予委员会与政府间和非政府间国际组织签订合作协议的自由而不施加任何限制，则相当于架空了部长会议的该项权限，委员会可以全权负责签订合作协议的事宜，这不仅和部长会议的权限与地位不符，在实践中也可能会因为未经批准签订协议而对铁组的利益造成损害。

2.2.3.3.2　铁组委员会的组成

铁组委员会由委员会主席、委员会副主席、委员会秘书、作为铁组专门委员会工作人员的其他公职人员组成。从《铁组公约》

的条文来看，条约意图区分需要铁组成员授权机构根据铁组部长会议核准的素质要求派遣的委员会公职人员，与通过竞争性遴选从铁组成员方公民中录用的在委员会从事行政技术工作的职员。然而，公约中涉及委员会公职人员与行政性工作职员的指代并不清晰，以上文铁组委员会的组成来看，“作为铁组专门委员会工作人员的其他公职人员”其概念就包括了委员会公职人员与行政技术职员，但在《铁组公约》第二十五条第一款第一、二项中又明确将委员会公职人员和从事行政技术工作的职员并列而言，说明前者与后者是两个不同的概念。公约条文这样的表述会对条文的解释造成一定的困扰。笔者认为，以立法者的原意即一般的国际法法理出发考虑，在后文中出现的涉及表决权等可能对铁组实质性事项产生影响的事项中提到的公职人员，应当作“委员会委员”理解，即需要铁组成员授权机构根据铁组部长会议核准的素质要求派遣的委员会公职人员理解。而对于一般意义上作为委员会员工的劳动合同、工资待遇等事项中涉及的“公职人员”则应当理解为委员会委员和行政技术性人员的统称。

对于委员会员工、主席、副主席、秘书的选拔，为保证铁路合作组织在各个成员之间力量的均衡，公约提出了对委员会成员方国籍的因素的考量。笔者认为，这一规定具有一定的合理性，应当遵循区域均衡原则，以使铁路合作组织更好地兼顾各个国家的利益，有助于洲际铁路联运合作的长远发展。但同时，笔者认为也应当考虑成员方对于铁组包括会费在内的贡献。

另外，公约在委员会主席、副主席、秘书的规定中均提到了相关人员“不在时”其职责的代为履行情况，笔者认为，为严谨表述，应当明确“不在”的含义，如由于客观或主观原因不能履行其职责等限定性表述。

同时，根据《铁组公约》第三十九条的规定，委员会会议的决议，按出席会议的委员会公职人员的简单多数票通过。

2.2.3.4　铁组专门委员会

铁组专门委员会是铁组的工作机构。铁组专门委员会由铁组成员授权机构或铁路公司大会参加方的专家组成。专门委员会主席和组成专门委员会的公职人员中的专家负责保证专门委员会的工作。根据铁组领导机构的决议，从组成专门委员会的公职人员中任命专门委员会主席。委员会主席根据专门委员会主席的建议，按照该专门委员会的工作方向，确定组成专门委员会的公职人员的职责。

铁组专门委员会包括七个专门委员会，其具体职责如下：

（1）运输政策和发展战略专门委员会负责落实属于部长会议权限内有关运输政策、铁路运输发展战略和统计方面的铁组主要活动；

（2）运输法专门委员会负责落实属于部长会议权限内有关完善铁路运输和简化过境的国际法方面的铁组主要活动；

（3）货物运输专门委员会负责落实属于铁路公司大会权限内有关掌管由铁路公司（机构）在铁组范围内签订的货物运输运营问题协议事务方面的铁组主要工作；

（4）旅客运输专门委员会负责落实属于铁路公司大会权限内有关掌管由铁路公司（机构）在铁组范围内签订的旅客运输运营

问题协议事务方面的铁组主要工作；

（5）基础设施和机车车辆专门委员会负责落实属于铁路公司大会权限内基础设施和机车车辆方面的铁组主要工作；

（6）编码和信息技术专门委员会负责落实属于铁路公司大会权限内编码和信息技术方面的铁组主要工作；

（7）财务和清算问题专门委员会负责落实属于铁路公司大会权限内与国际铁路旅客和货物联运清算相关问题方面的铁组主要工作；

由上文的论述可知，运输政策和发展战略专门委员会与运输法专门委员会主要工作方向的主要职能和任务一览表由部长会议核准。其他的专门委员会主要工作方向的主要职能和任务一览表由铁路公司大会核准。同时，各专门委员会可以承担铁组领导机构确定的其他任务。各专门委员会可以向委员会提出关于成立专门委员会临时工作组的提案，以完成其各方面工作的具体任务。由于分工上可能导致的问题上文已经进行过说明，此处不再赘述。

根据上述规定属于专门委员会权限的问题，在专门委员会会议上研究，专门委员会会议议事规则由部长会议和铁路公司大会根据各自的权限通过。

专门委员会会议的决议，按出席会议专家的简单多数票通过。关于签订、修改或废除经济协议的问题，按照这些协议本身规定的情况和规则，在专门委员会会议上予以表决。笔者认为，专门委员会会议的主要工作之一是研究公约附件及有关规则、细则的修改补充事项，如会议决议按简单多数票通过，可能造成上述文件修改过于频繁，不利于其稳定性。为保证上述文件的稳定性，减少部长会议和铁路公司大会工作量，有必要修改决议通过原则，以在专门委员会层面达成更广泛的共识。

2.2.3.5 铁组监察委员会

铁组监察委员会是铁组的监督机构，监察委员会对铁组上一预算年度的财务管理活动进行检查和分析，根据检查结果做出结论和提出建议，并将其列入工作报告，提交部长会议。监察委员会的工作细则由部长会议核准。

监察委员会由三个铁组成员代表组成，每个成员派一人，区域经济一体化组织除外。笔者认为，这里的规定使区域经济一体化与铁组成员方政府享有了不同的待遇，《铁组公约》应当对该种安排进行说明。

根据《铁组公约》第三十四条的规定，监察委员会在监察过程中，对下列情况进行检查和分析：

（1）铁组预算中核准的各项收入的执行情况，以及按用途支配预算支出的情况；

（2）委员会会计室办理的银行出纳业务及与委员会员工进行结算的情况；

（3）差旅费报表的正确性；

（4）检查现有物资和固定资产及其报废处置情况；

（5）财产清查的及时性和全面性；

（6）财务准备金的使用情况；

（7）根据上次监察结果所提出的建议的执行情况。

监察委员会有权按照所通过的工作纲要对财务管理活动的其

他问题进行检查。另外，监察委员会只有在其全员出席时才有权开展工作。需要注意的是，铁组监察委员会并无任期和任职届数的限制，这和一般公司章程中监事一般无任期和任职届数限制的规定相似。

2.2.4 铁路合作组织的文件

铁路合作组织的文件系指铁组领导机构在其权限范围内通过的铁组书面文件。采用铁组文件的目的是对本公约条款做出一致的解释，并予以有效实施。笔者认为，这里的铁组领导机构的概念需要进一步明晰，具体原因上文已经进行了论述，这里不再赘述。同时，采用铁组文件以对《国际铁路直通联运公约》进行解释的原理和《维也纳条约法公约》关于公约解释的第三十一、三十二条背后的原理一致[①]，有助于全面、善意地解释公约。

铁组文件体系中包括约束性和建议性文件。如前文中所提到的，铁路公司大会通过的决议对其成员具有约束性，否则，对其成员仅具有建议性质。

铁组文件的编制和公布办法，根据下列规则确定：部长会议通过其会议议事规则，选出工作机构，通过其权限范围内有关组织和行政管理问题的决议。铁路公司大会通过其会议议事规则，选出工作机构，通过有关其权限范围内的组织和行政管理问题的

① Vienna Convention on the Law of Treaties art. 31, 32, *opened for signature* May 23, 1969, 1155 U.N.T.S. 331.

决议。

同时，铁组文件应予正式公布。铁路公司大会的决议，在与部长会议协商后，按铁路公司大会规定的办法予以公布。笔者认为，公约应对何为“正式公布”进行具体界定和说明。同时，“与部长会议协商”的说法不够清晰，考虑到部长会议的最高领导地位，应当明确铁路公司大会的决议是否应当经过部长会议的批准，厘清部长会议与铁路公司大会这两个机构之间的关系。

在对文件的解释方面，对部长会议核准的文件的解释，对根据本公约所产生的规则的解释，应保证不与本公约的内容和宗旨相悖。如本公约的规定与根据本公约所产生的规则的规定相悖，则应采用本公约的规定。对部长会议核准的其他文件的解释，应保证不与本公约的内容和宗旨及根据本公约所产生的规则相悖。如本公约的规定或根据本公约所产生的规则的规定与铁组其他文件的规定相悖，则应根据本条第一款采用本公约的规定，或根据本公约所产生的规则的规定。而对铁路公司大会核准的文件的解释，应保证不与本公约的内容和宗旨及部长会议核准的文件相悖。这一规定体现了《国际铁路直通联运公约》在铁路合作组织运行中的统领性文件的地位。

2.2.5 铁路合作组织现阶段的活动

近年来，世界铁路技术突飞猛进，为适应市场条件并满足当代要求，大多数铁组成员方铁路继续深化改革，完善了管理体制。以中国、俄罗斯等主要铁组成员方为例，依据铁路合作组织官方网站 2015 年最新更新的数据[①]，铁组现阶段的活动主要如下[②]：

2015 年，铁路合作组织（铁组）集中力量完成了一系列任务，包括进一步发展欧亚国际铁路联运、完善标准法律文件、提供铁路运输配套服务、实现运输效益最大化、满足铁组成员方客货运输需求等。应当指出，2015 年，铁组成员方铁路是在经济困难的条件下开展工作的。为解决由此产生的一系列问题，使铁路运输继续在欧亚大陆国际联运中占据主导地位，铁组铁路付出了更多更大的努力。

2015 年，铁组会同成员方部委和铁路制定的措施和建议，包括改造铁路线路、构建铁组铁路运输走廊、新建铁路线、更新机车车辆等，都得到了顺利实施。应该说，这得益于铁组领导机关核准的完善欧亚国家间铁路运输发展纲要，纲要的实施确保了铁组成员方铁路客货运输达到应有的水平。这一切无疑是铁组铁路

---

① 铁组现阶段的活动。铁组的成立和发展史，铁路合作组织（铁组），http://zh.osjd.org/statico/public/zh?STRUCTURE_ID=24，最后访问日期：2019 年 2 月 10 日。

② 本章节的数据和信息来源于铁路合作组织官方网站，http://zh.osjd.org/statico/public/zh?STRUCTURE_ID=24，最后访问时间：2019 年 5 月 25 日。但笔者注意到，其中有关中国的数据并非中国目前最新的铁路发展状况（中国列车运行时速达 200 公里 / 小时的线路延展里程达到 6003 公里。在北京—哈尔滨、北京—上海、北京—广州及青岛—济南线路的个别区段上时速最大可达 250 公里 / 小时），故涉及其他国家的数据和信息也可能在时效性上有所欠缺。然而，由于《国际铁路直通联运公约》的参加国多使用小语种，笔者未能更新其他国家铁路发展情况的相关数据，本书仅对中国的铁路发展情况进行了更新，其他国家的信息仍然使用了铁路合作组织官方网站上的数据。

积极开展协调工作的结果。

2015 年，组织开行了中国—哈萨克斯坦—阿塞拜疆—格鲁吉亚和中国—哈萨克斯坦—俄罗斯—阿塞拜疆—格鲁吉亚两条经路的直达集装箱列车。购置了 2838 辆新型货车，4 列现代化动车组列车，4 台新型电力机车，8 台新型货运内燃机车。

在白俄罗斯铁路，2015 年运送货物 1.314 亿吨。中国和西欧国家间集装箱班列开行数量正稳步增长。经白俄罗斯铁路开行了 8 趟到德国、波兰、捷克和立陶宛的联运列车。由于完善了列车作业工艺，在布列斯特铁路枢纽站，作业时间从原来的 36 小时分别缩短至 10 小时（换装）和 6 小时（不换装）。在白俄罗斯铁路所有经路上，过境货物运送全部采用国际货约 / 国际货协运单作为海关申报单，全年运送 29050 个集装箱。在发展铁路基础设施框架内，2015 年完成了“延长奥尔沙中央站和西特尼查站到发线”项目和“戈梅利—日洛宾 86 公里线路电气化改造二期工程”项目的工作。2015 年，购置了 279 辆新型货车。目前，白俄罗斯铁路正在会同俄罗斯铁路实施莫斯科—布列斯特—华沙—柏林经路客运项目。项目拟采用西班牙 Talgo 生产的快速列车。

在中国铁路，截至 2018 年年底，全国铁路营业里程达到 13.1 万公里以上，其中高铁里程超 2.9 万公里。2019 年将确保投产新线 6800 公里，其中高铁里程为 3200 公里。[①]2018 年 12 月 29 日，

① 《2018 年全国铁路发送旅客 33.7 亿人》，载光明日报，http://www.gov.cn/xinwen/2019-01/03/content_5354359.htm，最后访问时间：2019 年 5 月 25 日。

南龙铁路正式开通运营，将我国 2018 年投入运营的新建铁路线路定格在 15 条。据中国铁路总公司党组书记、总经理陆东福介绍，2018 年，我国铁路新开工项目 26 个，新增投资规模 3382 亿元，投产新线 4683 公里，其中高铁 4100 公里。“如今，我国已建成世界上最现代化的铁路网和最发达的高铁网。”据统计，2018 年，全国铁路完成旅客发送量 33.7 亿人，同比增长 9.4%。“其中复兴号累计发送旅客 13086.9 万人，平均客座率 78.8%，较高铁列车平均客座率高出 4.2 个百分点。”① 在客运量稳定增长的同时，铁路部门还积极制定实施了 2018—2020 年铁路货运增量行动方案，全力组织西煤东运、北煤南运，推进港口集疏运体系建设，发展集装箱多式联运，有序承接公转铁运量，货运增量行动实现良好开局。数据显示，2018 年，在全国铁路完成货物发送量 40.22 亿吨、同比增长 9.1% 的同时，铁路运输单位工作量综合能耗同比下降 5.7%。对节能减排贡献巨大。“与公路完成同样货运量相比，铁路节省标准煤 299 万吨，减少二氧化碳排放 736 万吨，为打好污染防治攻坚战特别是打赢蓝天保卫战作出积极贡献。”②

在蒙古铁路，2015 年过境货物运量提高了 101.38%。新开了成都（中国）—蒙铁—俄铁—罗兹（波兰）和郑州（中国）—蒙铁—俄铁—杜伊斯堡（德国）两条集装箱经路。运送铁矿石的 24.5 公里

① 《2018 年全国铁路发送旅客 33.7 亿人》，载光明日报，http://www.gov.cn/xinwen/2019-01/03/content_5354359.htm，最后访问时间：2019 年 5 月 25 日。

② 《2018 年全国铁路发送旅客 33.7 亿人》，载光明日报，http://www.gov.cn/xinwen/2019-01/03/content_5354359.htm，最后访问时间：2019 年 5 月 25 日。

铁路新线投入了运营。新建了3座远程管理会让站并投入了运营。商定口岸货物查验条件国际公约附件9正得到顺利实施。目前，在俄罗斯和蒙古之间国境口岸，货车检查时间已压缩到45分钟。

在俄罗斯铁路，2015年货物周转量达到了2302.738亿吨，较2014年提高了100.3%，其中，国际联运货物周转量达1304.478亿吨，较2014年提高了100.7%。组织开行了杜伊斯堡—科尔拉、维亚特希利亚—科尔拉、谢尔盖利—纳霍德卡、合肥—汉堡、纳霍德卡东—霍夫里诺、科伊蒂—新罗西斯克等25趟直达集装箱列车。2015年，投入运营3.4公里铁路新线。完成了十月铁路局巴巴耶沃站改造工作。建成了加里宁格勒铁路局所属的车尔尼雪夫斯科耶国境站。继续开展了高尔基铁路局所属的佩图什基—下诺夫哥罗德线路技术改造工作。同时改造了北高加索铁路局所属的托涅利纳亚、北方铁路局所属的切列波韦茨Ⅱ、十月铁路局所属的沃尔霍夫斯特洛伊Ⅰ、古比雪夫铁路局所属的基涅利等车站和斯维尔德洛夫斯克铁路局所属的叶卡捷琳堡编组站。购置了500台现代化机车，240列动车组和185列客车。为组织和开行莫斯科—圣彼得堡、莫斯科—斯摩棱斯克—克拉斯诺耶及莫斯科—下诺夫哥罗德快速和高速列车，对铁路基础设施进行了改造。为培育市场并提高货车运用竞争力，在筹集资金用于生产和改造车辆方面开展了工作。吸引私人投资6000多亿卢布，使大量货车得到了更新，更新的车辆数量达到了112.4万辆。

在匈牙利国家铁路，2015年继续对铁组第5国际铁路运输走廊上的布达佩斯—扎洪区段进行了改建和改造，拟将索尔诺克—

皮尤什佩克拉丹尼区段的时速提高到160公里。每逢夏季休假高峰时期，巴拉顿湖南岸的单线线路和布达佩斯—埃斯泰尔戈姆郊区线路非常繁忙。目前已完成改造的车站包括：170年前就已成为匈牙利第一条铁路终点站且具有历史意义的瓦茨站和铁组第4、5、6国际铁路运输走廊沿线的南多瑙河区行政和经济中心佩奇站，以及通往罗马尼亚方向的东部重要枢纽皮尤什佩克拉丹尼站等。吉厄尔—肖普朗—埃宾富尔特铁路（吉肖富铁路）公司对北—南方向上乔尔纳—波尔帕茨过境区段完成了电气化改造。项目一期工程主要是完善铁路道口，保证行车安全，措施包括安装视频监视器、轴箱过热保护诊断装置（传感器）、动态轴荷载测量衡和装载限界检查装置等，还成立了诊断设备监控中心。同时，对松博特海伊车站2000平方米的动车组车间完成了全面改造。国际国内客货运量与上一年相比，总体上没有太大变化。为简化重要国境口岸的过境，继续开行了国际快运列车，该种列车不需更换机车，并按互信原则办理接收 / 交付作业。目前，相邻铁路部门正在开展合作，对调节列车通过国境的办事细则及其他标准文件进行全面重审和修订。

在波兰铁路，2015年运送旅客3119万人，货物1.1759亿吨，其中国际联运运量4826万吨。改造铁路线路800公里以上。目前，三联城—弗罗茨瓦夫、波兹南—克拉科夫、华沙—别尔斯科—比亚瓦、奥尔什丁—比得哥什的列车在途时间大大缩短。随着Express Intercity Premium运输新产品投入运营，Pendolino现代化列车在波兰各城市之间，如华沙至格但斯克、弗罗茨瓦夫、克拉科夫、卡托维兹的运行时间大大缩短。为发展地区运输，波铁城际客运公司开行了 Dart 和 Flirt 最新国产单节编组列车，使旅客服务质量不断提高。公司还购置了 10 台 Gama 客运电力机车。波铁货运公司正在积极发展位于波兰境内的波兹南弗拉诺沃（波铁货运公司所属），以及位于捷克境内的俄斯特拉发帕斯科夫（波铁货运 Advanced World Transport 子公司所属）集装箱办理站。波铁货运公司还积极参与在"新丝绸之路"框架下，发展中国至西欧和南欧的国际铁路联运，每周开行集装箱班列超过 10 趟。为开展跨境运输服务，波铁货运公司购置了 15 台西门子产 Vectron 多制式货运机车和 10 台 Gama 电力机车。为保证所运货物完好，波铁货运公司采用无人机进行列车监控，使货物损失减少了 60% 左右。

在采用无纸化工艺方面，铁路合作组织也开展了大量工作。目前，超过 98% 的海关报单是电子报单。白俄罗斯、哈萨克斯坦、中国、波兰、俄罗斯、斯洛伐克、乌兹别克斯坦、捷克等铁组成员方，非常重视落实铁组第三十届部长会议赞同的《快速和高速旅客运输网发展纲要》。在上述国家，正在分阶段提高旅客列车运行速度，更新和改造客运机车车辆，使运行时速提高到 160 公里以上，目标是大大缩短干线铁路的在途时间。

2015 年，在白俄罗斯、保加利亚、匈牙利、拉脱维亚、立陶宛、哈萨克斯坦、中国、蒙古、波兰、俄罗斯、斯洛伐克、乌兹别克斯坦、乌克兰、捷克、爱沙尼亚等铁组成员方铁路，开行集装箱列车的经路数量呈增长趋势。目前，沿铁路成员方铁路开行的直达集装箱列车超过 280 趟，其中定期开行的有 100 多趟。同时，这些运送基本上都是采用国际货约 / 国际货协运单办理的。

铁组的一项重要工作是继续参考 2015 版国际铁路危险货物运送规则（RID）修订国际货协附件第 2 号。铁组另一项重要工作是简化铁路运输过境。2015 年 9 月，在波兰格但斯克举行的铁组第八次跨部门会议就是一个例证。在编制和商定列车运行图、商定并落实国际联运货物运量，以及完善货车规则方面，开展了富有成果的工作。在编制和核准有关机车车辆、限界、铁路线路和桥隧建筑物、信号、供电和电力牵引、无纸化运输，以及科技信息等铁路技术备忘录方面，开展了大量工作。

在完善财务清算活动、审查有关减少铁组成员方铁路间相互债务的财务和清算问题方面，有针对性地开展了工作。

铁组 / 欧洲铁路署联络组在比较分析有关 1520/1524mm 和 1435mm 轨距系统的技术参数方面，富有成效地开展了工作，为欧盟和非欧盟铁组成员方铁路系统的相互协作创造了条件。

在铁组工作中，与联合国欧经委、联合国亚太经社会、欧盟、欧亚经济联盟、国际铁路联运组织、铁盟、国际铁路运输委员会、欧洲铁路署、西伯利亚大铁路运输协调委员会等国际组织的合作，占据了重要位置。对铁组工作做出重要贡献并产生了积极影响的还有铁组观察员（目前为 6 个）和加入企业，2015 年加入企业的数量达到了 41 个。

完善铁组基本文件临时工作组也开展了卓有成效的工作。在十年时间里，完成了国际铁路直通联运公约草案的编制工作，该公约草案包括国际铁路联运货物运输合同一般规定（国际货协）

和国际联运旅客运输合同一般规定（国际客协）等附件。

2015 年，在落实有关完善和发展铁路运输、提高铁路竞争力等综合措施方面，开展了大量协调工作，使大多数铁组成员方顺利完成了所赋予的客货运输任务。

当前铁路合作组织的活动除前述各项传统活动外，铁组目前还负责解决铁路运输政策问题，落实完善铁组运输走廊运输和发展、简化国际铁路旅客和货物联运过境手续及提高铁路竞争能力的综合措施，以吸引更多的国际过境运量、提高铁路运输业在运输市场的份额。

铁路领域改革的主要方向是：逐步终止依靠货物运输补贴旅客运输的做法；或由国家承运人的下属独立机构，或由国有铁路控股公司的子公司从事长途旅客运输；国家支持基础设施的现代化改造和发展；将非专业资产转交竞争部门；研究各国加入世界贸易组织可能产生的后果；在铁路改革和铁组成员方加入欧盟的新背景下，研究铁路协作问题。继续研究他国经验，避免不良后果。在 1520mm 轨距与欧洲铁路系统协作及实现一体化问题方面，根据相关欧盟委员会建议，铁组成立了欧洲铁路署 / 铁组联络组，该联络组以欧盟委员会对欧洲铁路署的委托为基础，根据欧洲铁路署和铁组合作协议运作。联络组开展了搜集资料、交换信息及线路上部建筑、供电、信号、客车、机车、牵引设备、货车、运营和运行操纵、维修企业、司机许可证问题初步分析工作。该联络组旨在提高欧盟和非欧盟国家 1520mm 轨距铁路的兼容性和一体化水平。促进各方熟悉和交流，以加深对欧盟 1520mm 轨距铁路系统的方式方法特点的理解。

在铁组运输政策和发展战略专门委员会范围内，专家组在简化过境手续、发展国际铁路运输方面开展了工作，力求缩短列车在运输参加国国境站的停留时间、供货期限和旅客运输时间。这些只有在铁路与本国及邻国边检和海关机关部门积极协作的条件下才能做到。铁组的专家组根据运输走廊基础设施数据的分析，编制了改善铁路优先经路运输组织的综合措施，包括简化过境手续和缩短在国境站停留时间的措施。在该项工作范围内，铁组专家组研究、编制、商定了 1982 年版《商定边境货物检查条件》国际公约附件九《简化国际铁路运输过境手续》草案及应该在简化国际铁路运输过境手续会议（联合国欧经委主持）上通过的并于近期通过批准手续的《简化国际铁路旅客联运过境手续公约》草案。

除此之外，铁组在铁组走廊综合规划中列入了 2010 年前铁路基础设施发展措施，该措施的落实可以大幅度提高铁组各走廊的货流量。铁组对与高速行车组织和发展有关问题的研究表示高度重视。在阿姆斯特丹举行的高速运行（高速—2008）国际会议上一些铁组成员方的铁路领导人提交了关于本国高速运行旅客列车发展的详细材料。譬如，在俄罗斯莫斯科—圣彼得堡线路（650km）现代化改造完成后，客车运行时速最高可达 200 公里，近期计划达到 250 公里 / 小时。圣彼得堡—赫尔辛基区段正在进行现代化改造，运行速度将达到 200—220 公里 / 小时。在哈萨克斯坦，在经过现代化改造后的长达 1343 公里的阿斯塔纳—阿拉木图线路上，客车运行时速达到 160 公里。计划将这条线路与完成现代化改造的莫斯科—叶卡捷林堡—库尔干—奥姆斯克—新西伯利亚经路相连。中华人民共和国高速铁路干线建设正在飞速发展。

第一专门委员会专家临时工作组会议编制了“铁组成员方机车车辆主要使用指标及这些指标间相互联系的统一计算方法”。这一方法已通过铁组专门委员会商定并经铁组部长会议核准。

铁组成员方在科技经济信息方面开展国际合作，合作包括就铁路运输问题及科学和技术交叉问题进行科技信息的交换和传播。为了建立和改善铁组成员方信息机关之间的业务联系，必须在铁组范围内形成统一的信息空间。创建铁组统一的检索系统，以便通过因特网交换信息，这将有助于消除每个参加国的信息不足，同时建立起统一的信息空间。铁组同时正在创建铁组运输科技经济信息中心的分布式国际数据库，在这项工作中专家会议编制并赞同了根据铁组科技经济信息中心统一检索系统的主要规定，建立统一科技经济信息中心统一检索系统的技术任务书草案，并编制了国际分布式数据库信息资源目录草案以及修订和再版了铁组成员方科技经济信息中心地址手册。截至 2007 年 1 月 1 日，根据科技经济信息中心统一数据显示，国际分布式科技信息数据库信息资源总计超过 178251 个。铁组就发展和掌管铁组成员方因特网科技经济信息中心网站继续开展了工作，此项工作将继续与铁盟合作。

完善规范国际联运旅客和货物运输条件的《国际客协》和《国

际货协》具有重要意义。铁组在完善和修订《国际客协》和《国际货协》方面做了大量工作。出版了新的协定文本和协定办事细则，其中包括1990年以后通过的被审查的所有修改补充事项。考虑到近期铁组成员方在政策和机构改革方面发生了很大变化，而且这些变化已融入市场机制，以及客户对承运人提出的更高要求，在铁组运输法专门委员会上通过了重审国际货协的决议，以适应当代条件。同时开展了完善铁组基本文件的工作，为此成立了临时工作组。

在联合国欧经委内运委第68次会议上通过的《采用国际货协运单的铁路运输货物过境国际海关公约》是国际铁路运输简化过境手续的重要成果，此公约自2006年8月1日开放供签署。

通过公约只是第一步。为了使公约有效地发挥作用，需要铁组各成员方批准。

与国际铁路运输组织合作是当前铁组工作的一个重要方面，因为目前欧亚之间存在两个国际铁路法律体系，我们应该认识到这一点。考虑到铁组和国际铁路运输组织在寻找两种体系接近道路上已经进行了长期合作。2003年2月，铁组和国际铁路运输组织签署了“铁组和国际铁路运输组织间合作的共同观点”文件，这是铁组在不同运输法体系——铁组和国际铁路运输组织体系共存的条件下开展合作的基本文件。

实施国际货物和旅客运输共同措施在与国际铁路运输组织的合作中及共同工作纲要中占有重要位置，其中也包括，会同国际运输委员会和铁组有关成员方及国际铁路运输组织编制统一的国

际货约 / 国际货协运单。应该强调，此项工作进展顺利。从 2006 年 9 月 1 日起，已开始按照国际货约 / 国际货协运单（同时作为海关文件）运送货物。

完善国际旅客运输在铁组工作中意义越来越重要。创建了“国际特快式”国际列车网。国际联运自动售票和席位预留网也在发展。广泛采用现代技术，给旅客提供更多方便。

科技合作在铁组工作中占有很重要位置。铁组创建以来，编制了 200 多个涉及迫切问题的专题，如改善机车车辆的技术维护、创建新的线路结构、信号和通信设备等。在各国铁路间建立运输数据自动交换系统的基础，将信息技术推广至机车车辆站段和其他方面。

欧亚联运中从事运输的各铁路的技术和作业能力无可争议，因此目前铁组成员方应该积极发挥他们的作用。①

2.2.6 争议的解决

2.2.6.1 铁组成员之间及铁组成员与铁组之间争议的解决

根据《铁组公约》第四十四条的规定，两个及以上铁组成员之间有关解释或适用《国际铁路直通联运公约》的任何争议，如自其产生之日起的 180 天内不能通过谈判予以解决，则根据有此争议的铁组成员的请求，将此争议提交部长会议作出决议。

① 铁组的成立和发展史，铁路合作组织，http://zh.osjd.org/statico/public/zh?STRUCTURE_ID=77，最后访问日期：2018 年 12 月 20 日。

争议的任何一方可以在部长会议作出决议后的180天内，将争议上诉至国际法院。铁组成员和铁组之间有关解释或适用本公约的任何争议，如自其产生之日起的180天内不能通过谈判予以解决，则将此争议提交部长会议作出决议。部长会议应在有关本条第一款和第二款规定的争议的决议中注明，未执行这些决议是否可作为适用本公约第六十三条，即未履行义务时限制参加铁组活动的权利的依据。

根据以上规定，对于铁组成员之间的争议，其首先应当诉诸以谈判的方式解决纠纷，如果不能通过谈判的方式解决，则可以应争议的铁组成员的请求，提交至部长会议作出决议。而争议方可以在部长会议作出决议后的180天内，将争议上诉至国际法院。笔者认为，这一规定实际上相当于赋予了国际法院对铁组成员之间争议的管辖权。并且根据《铁组公约》第十三条第四款的规定，铁组成员不可以对根据该公约第四十四条通过的决议作出保留，即使执行这些决议对国家安全、环境、公民生命和健康造成威胁和/或与其作为参加方的其他国际协议中的义务相抵触。因此这一规定相当于无视了包括中国在内的众多对《维也纳条约法公约》第六十六条[①]有关国际法院裁决作出保留的国家的权利，对相关国家的国际利益不利。

笔者认为，关于《维也纳条约法公约》，中国于1997年9月

① Vienna Convention on the Law of Treaties art. 66, *opened for signature* May 23, 1969, 1155 U.N.T.S. 331.

3 日交存加入书，于 1997 年 10 月 3 日对中国生效，对《维也纳条约法公约》第六十六条有关国际法院裁决的内容提出保留，并宣布中国台湾地区 1970 年 4 月 27 日的签署非法、无效。《维也纳条约法公约》第六十六条“司法解决、公断及和解之程序”规定：倘在提出反对之日后十二个月内未能依第六十五条第三项获致解决，应依循下列程序：

（1）关于第五十三条或第六十四条之适用或解释之争端之任一当事国得以请求书将争端提请国际法院裁决之，但各当事国同意将争端提交公断者不在此限；

（2）关于本公约第五编任一其他条文之适用或解释之争端之任一当事国得向联合国秘书长提出请求，发动本公约附件所定之程序。①

由于中国对这一条款作出了保留，因此国际法院对于中国并不具有管辖权，接受国际法院的管辖权不符合当前中国的现实国情，可能会引发其他领域内的问题，进而有损中国的国家利益。铁路合作组织应当认识到接受国际法院的管辖对一国带来的影响绝不仅仅限于国际铁路运输领域，也不应当一刀切地要求所有的成员方将加入国际铁路联运公约安排作为接受国际法院管辖的前提。笔者认为，《国际铁路直通联运公约》应当尊重各国对于国际司法救济途径选择的自由和权利，允许未接受国际法院管辖的国

① Vienna Convention on the Law of Treaties art. 66, *opened for signature* May 23, 1969, 1155 U.N.T.S. 331.

家对《铁组公约》第四十四条提出保留。

2.2.6.2 调解程序和委员会仲裁

经济主体之间有关适用本公约、其他国际协议、铁组文件，以及与办理国际铁路联运相关的双边和多边协议的争议，经各方商定，可通过有调解人参与的调解程序，或委员会仲裁予以审理。铁路公司大会核准调解程序规则。部长会议核准仲裁规则。委员会本身不解决争议。只有通过遴选参加工作的委员会员工可按调解程序规则和仲裁规则，对解决争议的过程予以管控。部长会议核准有关保证采用调解程序规则和仲裁规则的委员会工作细则。

笔者认为，这一规定存在诸多问题，具体如下。

首先，适用调解程序与仲裁的主体为“经济主体”，经济主体的范畴除公约成员，及各个成员方与区域经济一体化组织外，是否包括铁路公司（机构）及铁路联系企业便存在问题。如果包括后者，则实践中有可能出现争端一方是企业而另一方是主权国家的情况。在这种情况下，如果适用目前国际上解决投资者——国家争端的解决机制，即投资者——国家争端解决机制（ISDS，Investor State Dispute Settlement）则要求主权国家放弃相当部分的管辖豁免，愿意接受仲裁对其争端进行管辖，而这一情况显然将置《国际铁路直通联运公约》在争端解决机制方面于相当敏感的地位。笔者认为，这里的经济主体应当仅指企业及其他经济组织。根据《铁组公约》第四十四条的规定，铁组成员之间与铁组成员与铁路合作组织之间的争端已经设置了专门的解决机制，而根据《铁组公约》这一部分的实质与程序事项的规定，主权国家与企业之间的争端又显然未置于《国际铁路直通联运公约》的考虑范畴之内，因此这里的经济主体应当仅限于企业等经济组织，而不包括主权国家和区域性经济一体组织。

其次，该条表述中的“委员会仲裁”存在歧义，根据该条内容，委员会本身不解决争议，但同时委员会仲裁又将对争议予以审理，并对解决争议的过程予以管控，条文内容前后矛盾。笔者认为，《国际铁路直通联运公约》中委员会对仲裁程序的影响应当类比国际商会仲裁机构中仲裁院对仲裁程序的影响，即争端双方选择仲裁员对争端进行裁决，但委员会对部分程序性事项享有决定权。同时，笔者认为应当修改《铁组公约》第四十五条的表述以避免争议。

在仲裁程序中，仲裁协议可采用合同中附仲裁条款的形式或单独协议的形式。仲裁协议以书面形式签订。如仲裁协议以保证可记录其中所载信息，或保证信息可后续使用的任何一种形式签订，则认为符合“书面形式”的要求。如仲裁协议中所载信息可后续使用，则认为仲裁协议以电子信息的书面形式签订；“电子信息”意为各方通过数据信息传递的各种信息；“数据信息”意为通过电子、磁体、光学或类似设备（包括但不限于电子数据交换、电子邮箱、电报、电传或传真）进行制作、发送、接收或保存的信息。如仲裁协议通过交换仲裁申请书和仲裁意见书的方式签订，在仲裁申请书或仲裁意见书中一方确认存在协定，而另一方对此不表示反对，则同样认为仲裁协议以书面形式签订。合同中所引用的任何一个包含仲裁条款的文件的引文，如其将仲裁条款作为合同的一部分，则该引文也是书面形式的仲裁协议。可以看出，这一条款中关于仲裁协议的规定与国际上通行的做法是一致的，同时对仲裁协议的书面形式要求相对放宽，以达到鼓励当事方进行仲裁的目的。

关于仲裁程序中的仲裁员，《铁组公约》规定，仲裁员应是公正的，且独立于争议的任何一方。在被指定或确认前，被推荐的仲裁员应签署有关公正性和独立性的声明。根据仲裁协议，可由一名或三名仲裁员解决争议。如争议各方未商定仲裁员数量，则争议由一名仲裁员审理，除非授权人员认为根据争议的性质需指定三名仲裁员。如争议应由一名仲裁员审理，则该仲裁员由争议各方协商指定。如争议应由三名仲裁员审理，则每一争议方各指定一名仲裁员，且由指定的两名仲裁员协商选定第三名仲裁员担任仲裁组组长。如争议各方对指定一名仲裁员无法达成一致意见，或争议各方指定的仲裁员对确定第三名仲裁员无法达成一致意见，则该仲裁员由授权人员指定。如争议方不具有相同的国籍，则一名仲裁员或仲裁组组长应来自不属于争议任何一方的国家。如存在多个申请人或被申请人，则共同申请人和共同被申请人根据本条第三款共同指定仲裁员。授权人员根据仲裁规则确定。这一条款的表述与国际通常实践相一致，并且考虑了仲裁员指定中的地域均衡原则，具有一定的合理性。

关于仲裁程序中的保证措施，《铁组公约》第四十八条提出，仲裁决议，以及委员会仲裁时为解决争议而通过的有关保证措施的决定具有强制性，并应根据有关承认和执行仲裁决议的现行国际协定和国内法律文件予以执行。笔者认为，这一条款中的仲裁决议是指仲裁庭最后达成的仲裁裁决（Award），而后文中为解决争议而通过的有关保证措施是指仲裁程序中的临时措施（Interim Measures），标题中的“保证措施”提法不够准确。但这一条款可以保证根据《铁组公约》进行的仲裁裁决及仲裁程序中的保全措施可以得到执行，为与国际上通行的仲裁实践相统一，同时使条文的表述更严密，笔者建议可以在本条首句增加“仲裁裁决具有终局性”的表述，同时可在程序事项中明确仲裁费用的承担问题。

关于仲裁的机密性，仲裁审理或调解程序的参加方和委员会员工，在仲裁审理或调解程序的过程中，如未经各方或其法定继承人同意，无权泄露所知悉的消息，但根据主管法院判决规定的情形除外。在仲裁审理或调解程序的过程中，仲裁员或调解人不能作为其所知悉消息的证人被审问。适用仲裁机密性的规定，不应妨碍有关承认和执行仲裁决议的法律条款的执行。这一规定与仲裁程序的机密性、保密性（confidential）的特点是一致的。

2.2.7 铁路合作组织的预算

2.2.7.1 铁组预算的一般性规定

铁组的拨款由铁组预算负担。铁组预算应由部长会议在其权限范围内，核准铁组预算、《铁组预算收支的计划、核算和决算办法》，确定会费额度；并按本公约第三十六条规定的办法，即涉及上述问题的决议应当由部长会议一致通过，予以核准。除会费收入外，所有收入均应根据《铁组预算收支的计划、核算和决算办法》和委员会签订的合同编制计划。每一合同都应翻译成铁组正式语言。《铁组预算收支的计划、核算和决算办法》由部长会议核准。委员会办理铁组预算外款额的财务手续，以保证本公约第五十四条规定的专项拨款。

预算由支出和收入两部分组成。预算不能有赤字。预算每年由委员会编制，并按照本公约规定的办法予以核准。预算的收入部分包括：

（1）会费；

（2）铁组观察员缴费；

（3）铁组联系企业缴费；

（4）委员会出版活动和广告的收入；

（5）变卖用过的备品和设备的收入，以及委员会公职人员支付的住宅陈设（家具）租金；

（6）其他收入。

预算的支出部分由委员会的支出构成，其中包括：

（1）本公约第五十五条规定的维持费，以及由非委员会职员根据合同完成的计件工作和委托工作的报酬；

（2）管理费；

（3）资产投入；

（4）铁组出版费；

（5）财务准备金（在核准铁组预算时确定，以其占预算的百分比表示）；

（6）委员会出版基金；

（7）其他开支。

铁组经费的支配人是委员会主席，主席不在时是履行其职责的委员会副主席。与委员会财务管理活动有关的公文处理采用俄文。预算以欧元计算并核准。

在这一部分规定中，预算的支出部分的语言表述存在不严谨的现象，支出应当不只是委员会支出的部分，应当还包括铁路合作组织其他机构的支出。

2.2.7.2 铁组预算的会费及其他缴费

会费以在会费总额中所占份额（百分比）的形式确定。铁组每一成员的会费额确定由两部分构成：

第一部分：占会费总额的 50%，在铁组成员之间平均分摊；

第二部分：占会费总额的 50%，根据铁组成员铁路营业里程按比例分摊。

如未与委员会签订单独协议规定其他期限，则铁组成员每年应在预算年度的 2 月 15 日前缴纳年度会费。对两年内拖欠年度会费债务的铁组成员，采取本公约第四十四条第二款规定的措施，即视为铁组成员与铁组之间的争端予以解决。另外，在铁组成员参加铁组活动的权利被限制期间，应按原来的额度缴纳会费。

笔者认为，现行的会费分摊办法，即会费的 50% 在铁组成员之间均摊，另外 50% 按铁路营业里程分摊，是一种折中方案，照顾到了大小国家之间的利益，具有一定的合理性，但也可考虑将会费比例与投票权重挂钩，并对各成员方承担的会费比例设定上限。

同时，铁组观察员和铁组联系企业应每年缴纳年费。缴费的额度和缴纳办法由部长会议规定。如未及时缴费，则自预算年度的 4 月 1 日起，对未缴纳部分，按每一逾期支付日加算利息。利息由部长会议规定。笔者认为，对于拖欠缴纳会费的铁组成员，以及未及时缴费的铁组观察员和铁组联系企业，公约均未就除加算利息外的后果作出规定。笔者认为，可以规定在满足特定的不缴纳会费或年费的情况下，对铁组成员或铁组观察员及铁组联系企业的资格进行剥夺。

2.2.7.3 专项拨款

对不能依靠预算和 / 或依靠主持该项工作的铁组成员授权机构或铁路公司大会参加方开展的工作，应使用专项拨款。铁组成员授权机构、铁路公司大会参加方和 / 或铁组工作机构，均可以向委员会提出有关利用专项拨款开展专题研究工作的提案。上述提案应包含下列内容：

（1）专题名称；

（2）专题目的，并说明有关解决所涉及问题的依据，以及采用研究成果将取得的预期效果；

（3）所需的研究工作和工作成果的形式；

（4）开展工作的期限；

（5）开展工作的大致费用，并将其按工作阶段和年度进行摊列；

（6）有关可能参与工作的研究人员的建议及其遴选办法；

（7）有关主持专题研究工作的建议；

（8）有关可能的专项拨款参加方的建议（根据参加方利用工作成果的关切度提出）；

（9）有关确定参加方缴费原则的建议。

委员会在收到上述提案后，应准备相应的建议，其中应包括：

（1）对提案各项内容的意见；

（2）关于能否利用铁组和其他国际组织此前开展过的研究工作和已经完成的工作成果的信息。

工作的准备、开展及其专项拨款办法，由部长会议核准的细则确定。

2.2.8 限制在铁路合作组织中的权利、除名和退出公约

2.2.8.1 限制在铁路合作组织中的权利

在下列情况下，部长会议可以通过有关限制铁组成员参加铁组活动权利的决议：

（1）未执行根据本公约第四十四条第一款通过的部长会议决议，即两个及以上铁组成员之间有关解释或适用本公约的任何争议，如自其产生之日起的 180 天内不能通过谈判予以解决，则根据有此争议的铁组成员的请求，将此争议提交部长会议作出决议。争议的任何一方可以在部长会议作出决议后的 180 天内，将争议上诉至国际法院，且该项决议未上诉至国际法院。

（2）未执行根据上述规定通过的国际法院判决。

（3）未执行根据本公约第四十四条第二款通过的部长会议决议，即铁组成员和铁组之间有关解释或适用本公约的任何争议，如自其产生之日起的 180 天内不能通过谈判予以解决，则将此争议提交部长会议作出决议。

在根据上述规定通过决议时，部长会议应规定合理的期限，以便铁组成员停止其违反规定的行为。涉入有关被限制参加铁组活动权利问题的铁组成员，有权提出自己的反对意见或解释。

限制参加铁组活动的权利表现为：

（1）剥夺该铁组成员在委员会任职的权利；

（2）剥夺该铁组成员在铁组机构的表决权。

在停止本条第一款所载的违规行为后，根据部长会议的决议，取消对参加铁组活动权利的限制。对根据本条规定其参加铁组活动权利已被限制的铁组成员，限制其参加铁组活动的权利，不意味着终止本公约对该成员的效力。当铁组成员参加铁组活动的权利被限制时，在该成员方内注册并开展活动的铁路公司大会参加方，保留大会参加方的地位。

笔者认为，由这一条款的内容可知，铁路合作组织为《铁组公约》第四十四条争端解决机制赋予了相当重要的地位和影响，不执行根据第四十四条争端解决机制产生的决议可能会导致铁组成员方的权利受到限制，但正如上文所说，《铁组公约》第四十四条本身就与众多国家的利益相冲突，因此笔者认为铁路合作组织应当对上述条款进一步展开探讨。

2.2.8.2　从铁组中除名

对根据本公约上述规定因违规行为已通过关于限制其参加铁组活动权利决议的铁组成员，如其在本公约第六十三条第二款规定的期限内未停止违规行为，部长会议可以通过有关将其从铁组中除名的决议。已被提出从铁组中除名的铁组成员，有权提出自己的反对意见或解释。在通过有关将铁组成员从铁组中除名的决议后，在该成员方内注册并开展活动的铁路公司大会参加方，同时被终止参加铁路公司大会。从铁组中除名是限制成员在铁路合作组织中的权利之后的最终处置手段，若违反相关规定的成员未在规定的期限内停止违规行为，则将面临从铁组中除名的结果。

2.2.8.3 退出公约

每个铁组成员可以在任何时间通过向保存人寄送相应通知的方式退出本公约。自保存人收到该通知之日起的一年后，本公约对该铁组成员的效力终止。根据前述寄送通知的铁组成员，应在该通知生效之日前，履行其在铁组范围内应承担的义务。自通知生效之日起，铁组成员资格即告终止。

《铁组公约》赋予成员退出公约的自由，但设置了一年的过渡期，笔者认为这是由于铁路联运的性质所决定的，由于铁路运输往往涉及范围广，一个成员的退出可能对另一个国家的交通线路、基础设施建设、出入境通关手续等诸多方面均会造成影响，因此设置这个过渡期条款对于保护其他铁组成员的利益具有相当的重要性。

2.2.9 公约的适用

2.2.9.1 公约的同意履行

国家和区域经济一体化组织，可以通过以下方式表示其同意履行本公约：

（1）在无需批准、接受或核准的条件下签署；

（2）在需经批准、接受或核准的条件下签署，并在随后进行批准、接受或核准；

（3）在本公约签署关闭后加入。

批准文书和有关接受、核准或加入公约的文件应提交本公约第二十六条第二款所载的保存人，即委员会主席，委员会主席是本公约及在铁组范围内签订的其他国际协议的保存人。委员会主席根据 1969 年 5 月 23 日签订的《维也纳条约法公约》第七十七条和本公约规定行使保存人的职能。保存人应将收到每份批准文书和有关通过、赞同或加入的文件的情况通报铁组成员。

《铁组公约》仅提供了成员方和区域经济一体化组织同意履行《国际铁路直通联运公约》的方式，具体各个国家和区域经济一体化组织将如何实施应当遵循其国内或一体化组织内部对于接受相关国际公约的规定。

2.2.9.2　公约的生效

本公约在第八个缔约方以书面方式向保存人表示同意履行其义务之后第四个月的第一天生效。对于在本公约生效后以书面方式向保存人表示同意履行其义务的每一个缔约方，本公约自保存人收到书面函之日起第三个月的第一天生效。公约对新加入的铁组成员设置了三个月的过渡期，以便铁路合作组织对新成员的加入作出相应的准备。

2.2.9.3　公约的修改

《国际铁路直通联运公约》可以进行修改和补充。任一铁组成员、铁路公司大会或委员会主席，均可以提出有关修改和补充《国际铁路直通联运公约》的提案。有关修改和补充《国际铁路直通联运公约》的提案，应不晚于部长会议开始前 6 个月寄送委员会主席。委员会主席应不晚于部长会议开始前 5 个月将有关修改和补充《国际铁路直通联运公约》的提案寄送铁组成员和铁路公司大会参加方。如部长会议决议未规定其他期限，则在部长会议上通过的《国际铁路直通联运公约》的修改和补充事项在三个月后生效。所通过的《国际铁路直通联运公约》的修改和补充事项无需批准。生效后的本公约的修改和补充事项是《国际铁路直通联运公约》不可分割的部分。

应当注意的是，铁路公司大会参加方不能直接提出对公约的修改补充提案，需经大会讨论通过后，由铁路公司大会提出修改补充公约的提案。另外，笔者认为，关于公约修改补充事项的生效时间也应当予以明确。

2.2.9.4 公约的临时适用

未以书面方式向保存人表示同意履行《国际铁路直通联运公约》义务的缔约方，自《国际铁路直通联运公约》生效之时起，临时适用《国际铁路直通联运公约》，但在签署时以书面方式通知保存人将不临时适用《国际铁路直通联运公约》的缔约方除外。对于未以书面方式向保存人表示同意履行《国际铁路直通联运公约》义务的缔约方，如其通知保存人不愿成为《国际铁路直通联运公约》参加方，则该缔约方临时适用《国际铁路直通联运公约》即告终止。公约对未以书面方式向保存人表示同意履行《国际铁路直通联运公约》义务的缔约方提供了临时适用《国际铁路直通联运公约》的选择，旨在扩大公约的适用范围，同时兼顾缔约方对自身利益的考量，是较为灵活的变通性规定。

2.2.9.5　与其他协定的关系

《国际铁路直通联运公约》不触及任一铁组成员因加入其他国际协定所产生的权利和义务。在不损害《国际铁路直通联运公约》促进、完善和简化国际铁路联运的目的和宗旨，且不损害在与其他铁组成员方相互关系中全面适用《国际铁路直通联运公约》的情况下，作为区域经济一体化组织成员的铁组成员，相互之间适用区域经济一体化组织的规定，不适用由《国际铁路直通联运公约》产生的规定，但区域经济一体化组织未对某一具体问题做出规定的情况除外。

自《国际铁路直通联运公约》生效之时起，下列协议、协定和文件失效：

（1）铁路合作组织章程，包括第三十届部长会议核准的修改和补充事项（2002 年 7 月 1 日起生效）；

（2）铁组部长会议议事规则，包括第三十届部长会议核准的修改和补充事项（2002 年 7 月 1 日起生效）；

（3）铁组铁路总局长（负责代表）会议议事规则，包括铁组铁路总局长（负责代表）会议第十六次会议核准的修改和补充事项（2002 年 7 月 1 日起生效）；

（4）铁组委员会办事细则，包括第三十届部长会议核准的修改和补充事项（2002 年 7 月 1 日起生效）；

（5）铁组第二十九届部长会议核准的铁组部长会议成员和铁

组铁路总局长（负责代表）会议成员授权代表会议议事规则（2001 年 6 月 8 日起生效）；

（6）铁组铁路总局长（负责代表）会议第十七次会议和铁组第三十届部长会议核准的铁组专门委员会办事细则（2002 年 7 月 1 日起生效）；

（7）铁组铁路总局长（负责代表）会议第十七次会议核准的铁组常设工作组办事细则（2002 年 7 月 1 日起生效）；

（8）铁组铁路总局长（负责代表）会议第九次会议核准的利用专项拨款准备和研究专题的办法（1997 年 6 月 6 日起生效）；

（9）铁组部长会议成员和铁组铁路总局长（负责代表）会议成员授权代表联席会议（1996 年 12 月 3—6 日，铁组委员会）核准的铁组委员会预算收支计划、核算及决算办法（1997 年 1 月 1 日起生效）；

（10）铁组部长会议成员授权代表会议（1993 年 11 月 30 日—12 月 3 日，铁组委员会）核准的铁组委员会工作人员工资构成基本原则；

（11）铁组第二十六届部长会议（1998 年 6 月 15—18 日，明斯克）核准的铁组监察委员会工作办法；

（12）自 1951 年 11 月 1 日起施行的国际铁路货物联运协定（国际货协），连同在整个有效期内按规定程序核准并列入的所有修改和补充事项；

(13) 自 1951 年 11 月 1 日起施行的国际旅客联运协定（国际客协），连同在整个有效期内按规定程序核准并列入的所有修改和补充事项；

（14）1997 年 6 月 4 日在塔什干签订的欧亚多式联运组织和运营问题协定；

（15）自 1951 年 11 月 1 日起施行的国际铁路货物联运协定办事细则（国际货协办事细则），连同在整个有效期内按规定程序核准并列入的所有修改和补充事项；

（16）自 1951 年 11 月 1 日起施行的国际旅客联运协定办事细则（国际客协办事细则），连同在整个有效期内按规定程序核准并列入的所有修改和补充事项。

《国际铁路直通联运公约》生效以后，1957 年 12 月 12 日签订的铁路合作组织（铁组）与波兰人民共和国政府关于铁路合作组织铁路运输委员会在波兰的法律地位协议对铁组继续有效。

应当注意的是，在公约附件所涉规则和细则未编制完成的情况下，能否废止上述文件，有可能会影响国际联运业务的连续性。同时，对于铁组范围内的备忘录是否继续有效，新旧规章是否应有过渡期，也应当予以明确。笔者建议设置相应的过渡期，过渡期的期限建议规定为 1 年。公约生效后失去效力的文件中未列入货车规则、客车规则、清算规则、统一货价、国际货价等，上述文件是否继续有效应当予以明确，同时应当明确上述文件与《国际铁路直通联运公约》的关系。

上文对《铁组公约》的全部条文几乎都进行了分析，可以明显发现，《铁组公约》对铁路合作组织的性质、法律地位及权利和能力，工作宗旨、原则和工作方向，铁路合作组织的参加形式和组织机构，各个组织机构的权限，会议等事项，铁路合作组织的程序和铁组文件，铁路合作组织成员之间，以及铁组成员与铁组之间争议的解决，调解和仲裁程序，铁组的预算、会费及拨款，加入公约、限制权利、从铁组中除名和退出公约，以及公约的通过、生效、修改、临时适用与其他协定的关系等程序性事项进行了规定，而对于国际铁路直通联运过程中的实体性事项，权利义务关系等实体性事项则并未体现在《铁组公约》中，而是以附件的形式附在了《铁组公约》之后，作为《国际铁路直通联运公约》不可分割的一部分。笔者认为，这样的安排体现了铁组工作的顺序，即先组成了铁路合作组织，再由铁路合作组织在各个成员之间起到协调、促进的作用下，达成了各个货物联运、旅客联运、基础设施建设等实体性公约、协定。

对《国际铁路直通联运公约》八个附件的具体分析将在下文详细展开，这里不再赘述。

2.3 《国际铁路直通联运公约》的体例安排与文本结构

通观《国际铁路直通联运公约》全文，其公约正文，即《铁组公约》对铁组参加形式和组织机构及其他程序性事项进行了章程性质的规定，附件一、二、三对国际联运中的货物、旅客、危险品的运输法律关系进行了调整，附件四对基础设施建设提出要求，附件五对国际联运中的机车提出要求，附件六、七对国际联运货车及客车使用中的权利义务关系进行了调整，附件八调整铁组的特权与豁免。

从结构上来说，由于《国际铁路直通联运公约》是以铁路合作组织为核心而建立的国际铁路联运运输公约集合，因此公约在正文部分主要对铁路合作组织的组织机构、权利分配、运作程序等方面进行了较为详细和具体的规定，并在附件八中强调了铁路合作组织及其成员的特权与豁免。因此国际铁路直通联运虽作为实体运输领域的事项，调整其公约的正文却为铁路合作组织的章程性公约。

明确了铁路合作组织的设置和运作，公约紧接着对联运运输中的两大核心问题——货物运输和旅客运输进行了规定，同时也专门以附件三《国际联运危险货物运送一般规定》对国际联运中的危险货物运送进行了强调。

在明确了国际联运货物和旅客运输的权利义务关系之后，由于《国际铁路直通联运公约》是一个从多方面调整国际联运的公约体系，其紧接着对国际联运中的铁路基础设施施加了要求，并对铁路机车车辆，和车辆的使用过程中涉及的权利义务关系进行了规定。

公约整体的体例安排充分体现了铁路合作组织与《国际铁路直通联运公约》的性质和特征，其整体逻辑结构安排清晰，总体按照从实体到程序，重要性递减的顺序展开，这一安排不仅有助于厘清国际联运中各项因素的重要性，更重要的是便于铁组成员未来的谈判和对《国际铁路直通联运公约》的修改，具有相当的理论和实践价值。

2.4 《国际铁路直通联运公约》的基本原则

2.4.1 地域均衡原则

地域均衡原则主要是指在缔结《国际铁路直通联运公约》的成员之间，就铁组的组织和领导事项，根据成员之间的地域元素进行适当的均衡，以使公约体现铁组成员全体的利益，更好地在铁组成员之间发挥其应有的效力。

《国际铁路直通联运公约》中的地域均衡原则主要体现在《铁组公约》中。例如，《铁组公约》第二十五条关于委员会员工的规定，公约提出，委员会的员工由在竞争基础上遴选的为委员会工作的委员会公职人员和履行行政技术职能的职员组成。委员会员工应为铁组成员方公民。在招录委员会公职人员时，应遵循公平的区域代表制原则。另外，在对于委员会员工、主席、副主席、秘书的选拔，为保证铁路合作组织在各个成员之间力量的均衡，公约提出了对委员会成员方国籍因素的考量，这也是地域均衡原则在《国际铁路直通联运公约》中的体现。

除铁组的组织章程规定外，关于仲裁程序中的仲裁员，《铁组公约》规定，仲裁员应是公正的，且独立于争议的任何一方。在被指定或确认前，被推荐的仲裁员应签署有关公正性和独立性的声明。根据仲裁协议，可由一名或三名仲裁员解决争议。如争议各方未商定仲裁员数量，则争议由一名仲裁员审理，除非授权人员认为根据争议的性质需指定三名仲裁员。如争议应由一名仲裁员审理，则该仲裁员由争议各方协商指定。如争议应由三名仲裁员审理，则每一争议方各指定一名仲裁员，且由指定的两名仲裁员协商选定第三名仲裁员担任仲裁组组长。如争议各方对指定一名仲裁员无法达成一致意见，或争议各方指定的仲裁员对确定第三名仲裁员无法达成一致意见，则该仲裁员由授权人员指定。如争议方不具有相同的国籍，则一名仲裁员或仲裁组组长应来自不属于争议任何一方的国家。如存在多个申请人或被申请人，则共同申请人和共同被申请人根据本条第三款共同指定仲裁员。授权人员根据仲裁规则确定。这一条款的表述与国际通常实践相一致，并且考虑了仲裁员指定中的地域均衡原则。

2.4.2 联运权利公平原则

联运权利公平原则主要体现在对活动受限人士和类似人士的权利的特别照顾方面。在《国际联旅客运输合同一般规定》中，基本概念部分对活动受限人士所作的描述为具有长期或暂时的身体、心理、智力或感官缺陷，在遇到不同障碍的情况下，不能完全或有效地与其他旅客享受同等的运输服务，或因年龄使其活动受到限制的人员；在公约第十一条专门对活动受限人士的运送作出规定：根据活动受限人士的请求，承运人提供关于能够完成乘车以及进入铁路车站、旅客站台和车辆的服务信息。承运人或其委托人应在有能力的情况下保障活动受限人士进入铁路车站、客运站台和车辆。这些服务不收取额外费用。承运人在非歧视性的条件下应向活动受限人士提供预订和出售乘车票据方面的服务。

活动受限人士在进入铁路车站、客运站台和车辆时需要帮助，应在乘车前不少于 48 小时的期限内将自己完成乘车的意愿告知承运人。在没有遵守该条时，承运人采取一切可行措施组织活动受限乘客的运输。由承运人或其授权人员确定一些方法，活动受限人士可通过这些方法告知其已抵达发送站并要求提供服务。提供帮助需满足下列条件，即活动受限人士应在列车出发前 60 分钟内抵达按承运人或其授权提供帮助的人员规定的地点。活动受限人士有权利随行运送携带品标准规定之外的辅助其行动的必要设备。同时，在旅客随身携带或以携带品形式携带的物品灭失、损毁的责任制度中，公约也将活动受限人士的设备列入了携带品的范围中。

除此之外，在公约附件四《国际联运铁路基础设施一般规定》中也特别规定了，铁路客运站、车站和乘车站台的设备及建筑物，应保证向那些在身体、精神、心理、智力或感官方面存在慢性缺陷的人士提供服务，因为这些缺陷可能会对其完全同他人一样平等地参与社会生活造成困难。

笔者认为，上述规定均体现了公约对活动受限人士及类似人士的权利关怀。公平不等于平均，公约在旅客运输和基础设施方面的规定旨在向上述群体提供享受同等国际联运权利的机会，这在人权保障方面是值得肯定的规定。

2.4.3 责任限额原则

责任限额原则主要是针对国际联运货物与旅客运输中承运人

的责任而言的，不仅包括最高责任限额，还包括最低责任限额。

就最高责任限额而言，在国际联运货物运输方面，《国际联运货物运输合同一般规定》第三十八条就货物运到逾期的赔偿额规定，货物运到逾期的违约金额度，根据造成运到逾期承运人的运费和逾期（期限）的长短，即逾期（天数）占总运到期限的比例确定，即逾期不超过总运到期限 1/10 时，为运费的 6%；逾期超过总运到期限 1/10，但不超过 3/10 时，为运费的 18%；逾期超过总运到期限 3/10 时，为运费的 30%。在国际联运旅客运输方面，《国际联运旅客运输合同一般规定》第二十五条，就对行李全部或部分灭失、毁损（腐坏）、运到逾期的赔偿进行了规定，当本一般规定要求承运人向发送人（领收人）支付未声明价格行李全部灭失或部分灭失、毁损（腐坏）的赔款时，损失按照国内法律所论证的额度予以赔偿，但重量短少的赔偿额每公斤不超过 8SDR 或者所有行李不超过 600SDR。在缺少已灭失或毁损行李定价的证据时，损失按重量短少的每公斤不超过 2SDR 或者所有行李不超过 150SDR 的额度进行赔偿。如行李运到逾期，则自要求行李交付之时起，承运人应按每昼夜予以支付，但自运到期限终了之时起不得超过 10 昼夜：如发送人（领收人）证明由此已造成损失，则对其损失额，按重量不超过每公斤 0.2SDR 或按逾期交付的全部行李不超过 14SDR 予以赔偿。如发送人（领收人）不能证明损失是由此而造成的，则对其损失额，应按重量不超过每公斤 0.14SDR 或按逾期交付的全部行李不超过 9SDR 予以赔偿。同一文件的第二十六条对携带品的灭失、短少、毁损（腐坏）的责任进行了规定，如损失是由于旅客随身携带的物品全部或部分灭失或者损毁而造成的，在存在国内法律规定的证据的情况下，根据本条第二项予以赔偿，如果国内法律未规定更高的赔偿额度，则不应超过500SDR。

设置最高责任限额的目的很好理解，即保护承运人的利益，一般仅规定承运人承担直接损失，而非预期利益。在国际联运货物运输中，公约仅就货物运送逾期的最高责任限额进行了规定，恰恰体现了上述原则，在货物灭失、短缺的情况下，发货人等货物所有权人的财产权利，所有权受到侵犯，由承运人承担相应的责任无可非议，并且承运人在承运时就对所运送的货物的本质和特性有一定了解，如若运送货物为鲜活、易腐产品，则运费也会较普通运费有所提高，在这种情况下，使承运人承担货物灭失、短缺等情况下直接利益损失赔偿具有相当的合理性。然而，在货物逾期运送的情况下，该运送可能为发货人国际贸易中的一环，其逾期运送对发货人的直接利益损失很有可能远不及对其在其他贸易关系中的预期利益损失巨大，但在此种情况下，承运人并不了解，也没有义务了解发货人可能参与的其他贸易关系，若此时对承运人施加预期利益赔偿的要求，则不仅使承运人承担了与其得到的运费不相匹配的义务，也会在长期实践中大大打击国际联运货物运输承运人的积极性，从而不利于国际联运货物运输的长远发展。在国际联运旅客运输中，公约对最高责任限额的规定仅限于承运人对行李和携带品的赔偿，而未对旅客生命、健康受到损害时的损害限额进行规定。旅客的行李、携带品与国际联运货物运输中的货物具有相似性，此处不再赘述。而旅客的生命、健康受到损害时的责任赔偿根据其性质也不适宜设置责任限额，而是应当根据应当适用的侵权法律规定进行赔偿，公约也不应进行干涉。

就最低责任限额而言，《国际铁路直通联运公约》中最低责任限额的性质又可分为两类：第一种为一般意义上的规定承运人应当支付的最低额度，即承运人所支付的赔偿损害应当高于这一最低责任限额规定；《国际联运货物运输合同一般规定》第三十九条就赔偿请求规定，在旅客死亡的情况下，依照法律在过去或今后由该旅客向其提供物质保障，同时现在已经失去这一保障的人员有权提出赔偿请求。这些人员、损害赔偿办法与额度一览表，根据旅客遭受损害时所在国的国内法律确定。同时，如国内法律未对该项赔偿规定更大的额度，则损害赔偿的支付额度不应低于3000SDR（国际货币组织确定的特别提款权）。

第二种最低责任限额的规定就一般责任额度的内容颇具特色，即引起赔偿的责任门槛，少于该责任限额的赔偿请求将不能得到赔偿。如在国际联运货物运输方面，《国际联运旅客运输合同一般规定》第二十条规定，如一批货物灭失、短少、损坏（腐坏）的赔偿请求额在23瑞士法郎清算单位以内或更少，则不予满足。如提出的赔偿请求额超过该款额，而承认的应赔款额在23瑞士法郎清算单位以内或更少，则这项款额也不付给赔偿请求人。在国际联运旅客运输方面，《国际联运旅客运输合同一般规定》第三十条同样规定，对每张乘车票据或每批行李，不超过1.5SDR的赔偿请求，不予赔偿。公约的上述规定并非否认赔偿请求权利人在相应责任限额以下的请求权，而是出于实践的考量。在国际联运货物和旅客运输实践中，由于其较长的距离、周期以及众多的影响因素，发生侵权损害赔偿的概率也较国内短途运输的概率更高，若允许所有额度的损害赔偿请求，则可能造成诉讼及争端的泛滥。公约的这一规定相当于对国际联运旅客和货物运输中的小额纠纷进行了过滤，以在一定程度上减少相应的缠诉的产生。笔者认为，上述规定具有一定的合理性，但是笔者认为对小额纠纷的过滤不应由公约来完成，在国际争端解决中，若当事方的赔偿请求额度较少，则有可能解决纠纷本身的成本就远远高于可能获得的赔偿额，当事方出于国际争端解决的复杂性即有可能主动放弃诉讼，国际争端的性质及特性本身即可起到过滤阀的作用。公约对最低责任限额的规定剥夺了小额争端权利人的救济途径。另外，公约对最低责任限额的规定是基于“每批货物”或“每一乘车票据”而言，但在货物批数众多，或乘车票据众多的情况下，该争端本身所涉及的请求总额可能是巨大的，如果提出集体诉讼（class action）则有可能获得相当可观的赔偿。笔者认为，公约的这一规定也体现了其对集体诉讼的消极态度，虽然其出发点可能是出于对承运人利益的考量，但其对国际联运中的货物权利人和旅客的权利保障方面仍然存在一定的缺陷。

2.4.4 运输文书证据化原则

在《国际铁路直通联运公约》中，尤其是国际联运货物与旅客运输领域，公约对运输过程中的运输文书赋予了相当的重要性和意义，其主要体现在商务记录、赔偿请求、乘车票据和运送票据上。

在国际联运货物运输中关于商务记录的规定方面，《国际联运货物运输合同一般规定》第二十二条规定，在货物运送中或交付时，如承运人对货物进行了检查，并查明下述情况，则应编制商务记录。货物名称、重量或件数与运单中记载的事项不符；货件上的标记与运单中记载的货件记号（标记）、到站和到达路、收货人、件数等事项不符；货物毁损（腐坏）；有货无票、运单缺页，或有票无货。如果货物到达国的国内法律规定允许在货物交付收货人之后编制商务记录，则收货人由于在货物交付时不能通过外部检查能够发现的某种原因，有权向已交付货物的承运人提出在货物交付之后编制商务记录的请求。收货人应在确定货物灭失、短少、毁损（腐坏）之后，立即向已交付货物的承运人提出这种请求，并不应晚于货物交付后的三昼夜。商务记录的重要性体现在后续的责任赔偿请求等多个方面，《国际联运货物运输合同一般规定》第三十条第二项规定，对于承运人负有责任的货物灭失、短少、毁损（腐坏）等情况，应以商务记录作为证明。另外，当数批货物编写一份商务记录时——在这种情况下，应按商务记录中记载的全部批数提出赔偿请求。赔偿请求人应在赔偿请求书上附上货物运送规则中所述的可作为赔偿请求依据的文件。所附运单和商务记录应为原件。相较于国际海路运输领域的《海牙公约》和《维斯比公约》而言，《国际铁路直通联运公约》并未将运单作为权利人的最终证据，而是利用商务记录作为补充，笔者认为，在国际联运货物运输中，由于货物运输距离长、参加方广、影响因素众多等原因，对运输情况的记录对后续追责而言颇为重要，公约应当对商务记录的格式和实质内容赋予相当的重要性。

在赔偿请求方面，国际联运货物运输与国际联运旅客运输中均有相关内容的规定，详细内容将在下文中的国际联运货物运输与旅客运输的赔偿请求前置制度中详细论述，此处不再赘述。

乘车票据和运送票据方面，其重要性主要体现在国际联运旅客运输中，在《国际联运旅客运输合同一般规定》的术语界定中，乘车票据是指确认缔结旅客运输合同的文件；运送票据是指确认缔结行李运送合同的文件。根据这一规定第四条，运输合同应以一份或几份乘车或运送票据作为凭证。由此可见，乘车票据和运送票据具有证明运输合同的意义。在乘车票据的格式要求方面，公约援引了《国际联运旅客和行李运送规则》（以下简称运送规则）规定乘车票据的格式、内容以及所使用的语文。乘车票据以纸质或电子文件的形式办理，并具有同等法律效力。在乘车票据中应注明下列内容：

（1）一个或多个承运人；

（2）发站和到站的名称；

（3）关于根据本一般规定办理运送的说明；

（4）席位数；

（5）乘车票价；

（6）缔结运输合同的日期；

（7）乘车票据的有效期。

除上述所列事项外，乘车票据上还可载入运送规则中规定的其他内容。乘车票据表格的格式和填写办法，由运送规则确定。旅客在领取乘车票据时，应检查乘车票据中所载内容的正确性。乘车票据的有效期和效力由运送规则规定。旅行途中乘车票据的存放和检查办法由运送规则规定。凭电子乘车票据办理旅客运送的办法由运送规则规定。

类似地，在运送票据中应注明下列内容：

（1）一个或多个承运人；

（2）发站和到站的名称；

（3）关于根据本一般规定办理运送的说明；

（4）行李的重量；

（5）件数；

（6）运费；

（7）缔结运输合同的日期；

（8）关于发送人和领收人的资料。

除上述所列内容外，运送票据上还可载入运送规则中规定的其他内容。运送票据的格式和填写办法，以及所使用的语文由运送规则确定。发送人在领取运送票据时，应检查运送票据中所载信息的正确性。

乘车票据和运送票据在国际联运旅客运输中具有证明合同关系以主张根据运输合同享有的权利、确定旅客运输合同的标的额、费用、赔偿请求、诉讼时效等多项意义。

根据《国际联运旅客运输合同一般规定》第七条的规定，旅客乘车的权利，应以有效乘车票据作为凭证。对没有乘车票据或凭无效乘车票据乘车的人员，在列车上有空闲席位时，其支付乘车票价和罚款之后，依本一般规定第二十八条第二项向其提供继续乘车的权利，即乘车时未出示乘车票据的旅客，应支付给承运人乘车费和在发现该次乘车的国家境内已乘坐里程的罚金。支付乘车费和罚金的办法，根据在其境内发现未提出乘车票据的旅客所在国的国内法规确定。附件二的第八条同样规定，如由于承运人原因，不能给旅客提供乘车票据上注明的席位，旅客可拒绝乘车。在承运人能提供空闲席位且旅客根据所适用的运价规程补交票价差额后，旅客可换乘比乘车票据中所载等级或种类更高的席位或车厢。在乘车票据的有效期间内，旅客可在列车停站中途下车。第十一条规定，承运人在非歧视性的条件下应向活动受限人士提供预订和出售乘车票据方面的服务。第十三条规定，就行李的运送，行李承运仅在提出乘车票据以后进行。承运人应通过乘车票据和运送票据中注明的国境站发送行李。行李仅在运送票据上注明的到站交付。交付行李时，领收人应对由于发货人未遵守运送条件而使承运人产生的全部额外费用进行赔偿。第十六条规定，在发售乘车票据、行李票据时，核收由发站至到站的全程运送费用。除运送费用外，可向旅客或发送人核收乘车票据办理国内法律规定的附加费和杂费。甚至根据第十七条的规定，承运人在乘车票据丢失、在乘车票据中没有相应记载或没有运送某一参加方的相应证明的情况下，不退还运送费用，除此之外，在国际联运旅客运输合同的权利人权利救济中，根据第二十二条规定，就列车或直通车厢晚点或停运的情况下的损失赔偿，当旅客乘车距离小于或等于3499公里，晚点60—119分钟（包括119分钟）时，为乘车票据价格的25%；晚点120分钟及以上时，为乘车票据价格的50%；当旅客乘车距离自3500公里起及以上时：晚点300—599分钟（包括599分钟）时，为乘车票据价格的25%；当晚点600分钟及以上时，为乘车票据价格的50%。若一张票中办理“往返”乘车，对于列车或直通车厢在其中一个方向上晚点的赔偿费，按照乘车票据价格的一半计算。同时，未出示乘车票据还将使旅客面临缴纳罚金的境况，根据第二十八条的规定，乘车时未出示乘车票据的旅客，应支付给承运人乘车费和在发现该次乘车的国家境内已乘坐里程的罚金。支付乘车费和罚金的办法，根据在其境内发现未提出乘车票据的旅客所在国的国内法规确定。在请求赔偿时，公约规定，赔偿请求应以书面形式提出，并附上相应依据和赔偿款额，并以乘车票据为依据的旅客运送赔偿请求应合同承运人提出。乘车票据还作为运输合同的赔偿时效的起算凭证，公约规定，退还运费的请求，自交付乘车票据、行李票据之日起计算。

第 3 章
《国际铁路直通联运公约》的法律关系

3.1 《国际铁路直通联运公约》的法律主体

3.1.1 运送过程参加者

3.1.1.1 国际联运货物运输合同中的承运人

根据《国际铁路直通联运公约》附件一《国际联运货物运输合同一般规定》术语中对于承运人的解释，承运人是指参与货物运送，包括国际铁路—轮渡联运水运区段货物运送的缔约承运人和所有接续承运人。

同时，由于国际联运的运输性质，承运人还包括接续承运人，即从缔约承运人或其他接续承运人处接运货物以继续运送并进而加入运输合同（由缔约承运人缔结）的承运人。

《国际联运货物运输合同一般规定》对于承运人责任的具体规定与分析将在下文中详细论述。

3.1.1.2 国际联运货物运输合同中的发货人

根据《国际联运货物运输合同一般规定》术语中对发货人的

定义，发货人是指货物托运人，即运单中注明的货物发送人；同时，货物的批次也是建立在发货人与收货人的基础上，即一批货物是指一个发站按一份运单从一个发货人处承运、发往一个到站一个收货人的货物，即为一批货物。

《国际联运货物运输合同一般规定》在递交承运人运输前对发货人施加了审慎的交货义务。主要体现在对运单的记载事项的责任，容器、包装和标记、货物的装车及其重量的确定、行政手续的履行等方面。

在运单中记载事项的责任方面，发货人应对其在运单中记载的和所声明的事项的正确性负责。由于记载和声明的事项不正确、不确切或不完备，以及由于将上述事项记入运单中无关的栏内而发生的一切后果，均由发货人负责。并且，如果根据本规定条款，承运人在运单中记载了发货人的指示，则认为承运人是以发货人的名义行事，除非提出相反证据。

在缔结运输合同前，如承运人发现运单中的事项不正确、不确切或不完备，且根据货物运送规则，不允许修改运单中记载的事项和声明，则发货人必须填制新运单。

在缔结运输合同以后，如承运人发现发货人在运单中记载的事项和声明不正确、不确切或不完备，且发生下列情况，则发货人应向承运人支付违约金：

（1）承运的货物中有禁止通过该运送经由国家中任何一个国家国境运送的物品；

（2）承运了危险货物，且未遵守其运送条件；

（3）发货人装车（集装箱）的货物超过车辆的最大载重量；

（4）运送费用数额过低；

（5）出现了危及行车安全的情况。

上述第一、二、四、五款的违约金，按发现违反上述规定的承运人运费的 5 倍核收。上述第三款的违约金，按发现超载的承运人运送多出部分的运费的 5 倍核收。承运人有权核收本项规定的违约金，而不管发货人或收货人根据本一般规定赔偿可能的损失和支付其他罚款的情况如何。

在容器、包装和标记方面，为防止货物在运送中灭失、毁损、腐坏和降低质量，使运输工具或其他货物免受毁损、污染，并对人员和动物造成伤害，以及破坏环境和铁路基础设施而需要装入容器或包装内的货物，托运时必须有符合上述要求的容器或包装。发货人应保证货件上所作或所粘挂的标记、表示牌或货签的正确性，以及他在车辆、多式运输单元和汽车运输工具上所粘贴的表示牌的正确性。如通过外部检查发现所托运货物的容器（包装）存在导致货物和运输工具无法换装、灭失、短少、毁损（腐坏）等问题，则承运人可拒绝承运货物，或按特殊合同条件承运货物。如货物容器或包装的状态不能保证其继续运送，则按货物运送和交付的阻碍的规定对货物予以处理。发货人对没有容器或包装，或者其状态不符合要求所产生的后果，以及没有标记、表示牌或货签，或者其不正确所产生的后果负责，其中包括应向承运人赔偿由此而产生的损失。

在货物的装车及其重量的确定方面，如运单中没有记载由何方装车，则认为是由发货人装车。货物应装载到技术状态良好且适于运送该种货物的已清扫的车辆内。由何方装车（承运人或发货人），按发送国的国内法律规定办理。将货物装载到多式运输单元和汽车运输工具内，由发货人进行。装车人应负责确定车辆是否适用于运送具体某种货物，保证遵守车辆、多式运输单元和汽车运输工具内货物装载和加固的技术要求，并对装车不符合要求的一切后果负责。货物的重量根据货物运送规则确定。

在行政手续的履行方面，发货人应将在货物运送全程为履行海关和其他行政手续所需要的添附文件附在运单上。这些文件应只限与运单中所记载的货物有关。如果发货人没有将履行行政手续所需要的文件附在运单上，而将其发送给相应的行政监察机关，则其应将此信息列入运单。承运人没有义务检查发货人在运单上所附的文件是否正确和是否齐全。由于没有添附文件或文件不齐全和不正确而产生的后果，发货人应对承运人负责。发货人应在运单中注明其在运单上所添附的文件。如发货人未履行本项规定，则缔约承运人应拒绝承运货物。如因发货人未提出必要的添附文件，或提出并记载在运单中的文件不齐全或不正确，以致使货物运送或交付发生滞留，则应向承运人赔偿因滞留所产生的附加运送费用和国内法律所规定的违约金，并按本一般规定第二十四条“运送费用和违约金的支付”规定的办法办理。为进行边防和海关检查及卫生、动植物和其他种类的检查而将车辆、多式运输单元或汽车运输工具启封，由承运人编制启封记录。如为进行边防和海关检查及卫生、动植物和其他种类检查而更换了最初施加的封印，由海关部门或承运人施加的完好封印，与最初施加的封印同样有效。

另外，在货物的检查方面，承运人有权检查发货人是否遵守了运送条件，以及货物与发货人在运单中所记载的事项是否相符，如发货人没有遵守运送条件，或者货物与发货人在运单中所记载的事项不符，则发货人应按照本规定的内容向承运人赔偿进行检查及有票据凭证的所有费用。

需要注意的是，《国际联运货物运输合同一般规定》实行运费的分别支付制度，即发货人对参加货物运送的承运人所办理的运送支付费用，而收货人对交付货物的承运人所办理的运送支付费用。

3.1.1.3 国际联运货物运输合同中的收货人

根据《国际联运货物运输合同一般规定》术语中对收货人的定义，收货人是指运单中注明的货物领收人。《国际联运货物运输合同一般规定》对收货人的权利义务规定主要体现于变更合同、货物的交付与提出赔偿请求方面。

在变更合同方面，收货人只可在到达国范围内对运输合同做出下列变更：

（1）变更货物到站；

（2）变更收货人。

收货人只可在货物尚处在到达国进口国境站时，根据本一般规定的条件办理运输合同的变更。如货物已通过到达国的进口国境站，则收货人按到达国现行的国内法律办理运输合同的变更。

在货物交付方面，货物到达到站后，承运人必须将运单和货物交付给收货人，收货人必须领取货物和运单。收货人只在货物由于承运人的过错而使质量发生变化，以致部分货物或全部货物不能按原用途使用时，方可拒绝领取货物。如相互间协议未另作规定，则在收货人向承运人付清一切应付运送费用之后办理运单和货物的交付。收货人应支付运单所载的所有货物的运送费用，即使是运单中所记载的货物部分短少时。

在提出赔偿请求方面，发货人和收货人有权向承运人提出赔偿请求。提出要求的权利不得让与他人。赔偿请求应附有相应依据并注明款额，以书面方式提出。赔偿请求的提出应由发货人向缔约承运人提出；由收货人向交付货物的承运人提出。这一分配与变更合同的规定也是一致的。

3.1.1.4 国际联运旅客运输合同中的承运人

国际联运旅客运输中，其承运人包括合同承运人，即缔结运输合同的法人；接续承运人，即按运输合同从合同承运人或其他接续承运人处担当继续运送义务的法人；实际承运人，没有缔结运输合同，但受合同承运人或接续承运人的委托，在某一区段办理铁路运输的法人。需要注意的是，虽然公约在基本概念部分区分了这几种承运人的区别，但在公约后文的主要内容中却并未进行区分，笔者认为，公约后文中提到的承运人是广义上的承运人概念，包括合同承运人和接续承运人，而对于实际承运人和合同承运人之间的责任分配问题，公约规定，向实际承运人提出关于旅客生命或健康遭受损害的赔偿诉讼，可在本一般规定的适用于实际承运人的赔偿范围内提起。然而，公约并未对实际承运人的赔偿范围作出规定，这是公约在后续完善中需要切实解决的问题，根据一般法理来说，实际承运人并非合同的相对方，因此根据合同的相对性，合同权利人一般不能对实际承运人提出请求。但在拒绝权利人的索赔可能会导致明显的不公平时，法院可能会出于衡平法的考量将责任主体的范围扩大至实际承运人，尤其是在侵权行为发生的情况下。或者由合同承运人先行赔偿后再向实际承运人追偿。但无论如何，这一问题都需要公约后续进行规定和完善。

3.1.2 基础设施管理者

公约在附件四《国际联运铁路基础设施一般规定》中对铁路基础设施管理者的义务进行了宣言性质的规定。公约提出，铁路基础设施管理者应拥有可以保证铁路基础设施运作，以及对其进行维护和检查其处于良好状态所需的设备。铁路基础设施包括保证国际联运旅客和货物列车按规定的速度、重量标准和行车间隔畅通无阻和安全运行所需的技术设备，包括不同轨距的铁路基础设施。铁路线路，包括工程建筑物（桥梁、隧道等）、信号（信集闭）和通信设备、供电和电力牵引设备、保证机车车辆行车安全的设备，以及铁路车站，包括站台和进站区域，均属于铁路基础设施的组成部分。基础设施工程项目中采用的材料和设备，不应对直通国际联运旅客和货物列车的畅通无阻和安全运行造成障碍。铁路客运站、车站和乘车站台的设备及建筑物，应保证向那些在身体、精神、心理、智力或感官方面存在慢性缺陷的人士提供服务，因为这些缺陷可能会对其完全同他人一样平等地参与社会生活造成困难。

3.2 《国际铁路直通联运公约》的权利义务关系

3.2.1 国际铁路直通联运货物运输中的权利义务关系

国际铁路直通联运货物运输中的权利义务关系主要规定在附件一《国际联运货物运输公约一般规定》中，但同时，公约附件一的调整范围并不局限在铁路直通联运中，根据附件一第一条，该一般规定同时调整国际铁路直通联运和国际铁路轮渡直通联运中货物运输合同中的权利义务关系。国际铁路货物联运货物运送在根据各方国内法律开办货运业务的车站之间进行；而在国际铁路—轮渡货物联运中，则有各方公布的为办理此类运送的水运区段参与。

由于国际联运货物运输的特点，国际铁路直通联运货物运输中的权利义务关系主要包括两种：发货人与合同承运人之间的权利义务关系及合同承运人与接续承运人之间的权利义务关系。接续承运人是指从缔约承运人或其他接续承运人处接运货物以继续运送并进而加入运输合同（由缔约承运人缔结）的承运人。

对于国际铁路直通联运货物运输中的权利义务关系，《国际联运货物运输合同一般规定》其权利义务关系中的运输合同、运单等运输文书起着重要的作用。

国际铁路直通联运货物运输中的运输合同虽然规定在《国际联运货物运输合同一般规定》的第七条，但事实上，根据国际联运实践和公约附件下文的隐喻来看，运单在国际联运货物运输中起到了证明运输合同存在的作用。公约规定，运单为缔结运输合同的凭证，运单中记载的事项不正确或不准确，以及承运人丢失运单，均不影响运输合同的存在及效力。由此可见，运单为证明运输合同存在的最初证据而不是最终证据。同时，公约将国际铁路联运货物运输中的权利义务进行了简要的概括，即根据运输合同，承运人应有偿将发货人托运的货物，按发货人与缔约承运人商定的经路运送至到站，并将其交付给收货人。由此可以拆分出的承运人和发货人的权利义务如下：

承运人的权利方面，公约主要规定了承运人有依据运输合同收取运费的权利。在国际联运货物运输中，运费应当在货物交付之前支付。这一安排体现在附件一的多个条款中，如第二十七条，承运人有权在收到运输合同所产生的全部费用以前留置其管理的货物。第二十四条规定，承运人有权要求在运送之前支付运送费用。另外，对于涉及多个承运人的情况，根据附件一第二十八条的规定，如某承运人已收到或应该收到由运输合同产生的属于参加运送的其他承运人应得的运送费用，则须将其支付给这些承运人。承运人间由于适用本一般规定所发生的清算事宜，根据承运人间缔结的关于清算办法的协议办理。这一条款对货物联运中收到除自己外的运费的承运人施加了支付其他承运人的义务。另外，承运人有权检查发货人是否遵守了运送条件，以及货物与发货人在运单中所记载的事项是否相符。按国内法律规定的办法进行检查。

承运人的义务方面，公约主要规定了承运人负有运送并交付货物的义务。货物的运送应当在运到期限内运到，按照公约附件一第十七条规定，如发货人和承运人未另行商定，则运到期限按货物运送全程确定，且不得超过根据本条所述标准计算的期限。货物运到期限根据下列标准确定：集装箱，每 150 公里 /1 昼夜；其他货物，每 200 公里 /1 昼夜。对因其技术特性限速运送的货物、超限货物及采用单独机车牵引的专列运送的货物，运到期限由承运人确定。对国际铁路—轮渡直通联运运送的货物，水运区段的运到期限由该区段的承运人确定。为进行货物发送作业，货物运到期限可延长一昼夜。货物运到期限在下列情况下可延长两昼夜：每次将货物换装到其他轨距的车辆时；车辆、自轮运转货物每次更换另一轨距的转向架时；国际铁路—轮渡直通联运中运送货物时。对由于与承运人无关的原因在运送途中滞留的全部时间应相应延长运到期限。货物运到期限，自缔结运输合同的次日零时起计算，至货物到达通知单移交收货人之时为止，且不足一昼夜按一昼夜计算。如运行途中需将货物分开，则运到期限按随运单到达的那部分货物计算。如货物在运到期限期满前到达到站，并且承运人通知收货人货物到达及可以交给收货人处理，即认为运到期限业已履行。关于通知收货人的办法，按货物交付地现行的国内法律确定。在货物交付方面，公约规定，货物到达到站后，承运人必须将运单和货物交付给收货人，收货人必须领取货物和运单。如相互间协议未另作规定，则在收货人向承运人付清一切应付运送费用之后办理运单和货物的交付。收货人应支付运单所载的所有货物的运送费用，即使是运单中所记载的货物部分短少时。如货物由收货人卸车，在下列情况下，承运人应参加对货物件数、状态或重量的检查：货物运至到站时，有痕迹表明车辆、多式运输单元或汽车运输工具内的货物可能被触及，但发货人封印未毁损，其记号与运单中的记载相符；货物运至到站时，车辆、多式运输单元或汽车运输工具上的封印短缺、毁损或其记号与运单中的记载不符；在这种情况下，只要发货人封印有一个未毁损，并排除货物被触及，且封印记号与运单中的记载相符，承运人就有权拒绝参加货物的检查；用敞车类货车运送的货物，通过外部检查可以确定存在短少、毁损（腐坏）的痕迹；易腐货物超过运到期限到达；承运人对由其照管的机械冷藏车未遵守保温制度；由承运人装车。货物卸车后将车辆、集装箱返还承运人时，收货人应保证车辆、集装箱的清洁。

发货人的义务方面，公约规定了发货人按照规定容器、包装和标记的义务。根据公约第十一条的规定，为防止货物在运送中灭失、毁损、腐坏和降低质量，使运输工具或其他货物免受毁损、污染，并对人员和动物造成伤害，以及破坏环境和铁路基础设施而需要装入容器或包装内的货物，托运时必须有符合上述要求的容器或包装。发货人应保证货件上所作或所粘挂的标记、表示牌或货签的正确性，以及他在车辆、多式运输单元和汽车运输工具上所粘贴的表示牌的正确性。如通过外部检查发现所托运货物的容器（包装）存在导致货物和运输工具无法换装、灭失、短少、毁损（腐坏）等问题，则承运人可拒绝承运货物，或按特殊合同条件承运货物。如货物容器或包装的状态不能保证其继续运送，则按第二十一条“货物运送和交付的阻碍”的规定对货物予以处理。发货人对没有容器或包装，或者其状态不符合要求所产生的后果，以及没有标记、表示牌或货签，或者其不正确所产生的后果负责，其中包括应向承运人赔偿由此而产生的损失。同时，在运单中没有记载由何方装车的情况下，则推定为发货人装车，此时发货人负有装车的义务。根据公约规定，货物应装载到技术状态良好且适于运送该种货物的已清扫的车辆内。由何方装车（承运人或发货人），按发送国的国内法律规定办理。将货物装载到多式运输单元和汽车运输工具内，由发货人进行。装车人应负责确定车辆是否适用于运送某种具体货物，保证遵守车辆、多式运输单元和汽车运输工具内货物装载和加固的技术要求，并对装车不符合要求的一切后果负责。另外，发货人还负有履行行政手续的义务。根据公约规定，发货人应将在货物运送全程为履行海关和其他行政手续所需要的添附文件附在运单上。这些文件应只限与运单中所记载的货物有关。如果发货人没有将履行行政手续所需要的文件附在运单上，而将其发送给相应的行政监察机关，则其应将此信息列入运单。承运人没有义务检查发货人在运单上所附的文件是否正确和是否齐全。由于没有添附文件或文件不齐全和不正确而产生的后果，发货人应对承运人负责。发货人应在运单中注明其在运单上所添附的文件。如发货人未履行本项规定，则缔约承运人应拒绝承运货物。如因发货人未提出必要的添附文件，或提出并记载在运单中的文件不齐全或不正确，以致使货物运送或交付发生滞留，则应向承运人赔偿因滞留所产生的附加运送费用和国内法律所规定的违约金，并按本一般规定第二十四条“运送费用和违约金的支付”规定的办法办理。为进行边防和海关检查及卫生、动植物和其他种类的检查而将车辆、多式运输单元或汽车运输工具启封，由承运人编制启封记录。例如，为进行边防和海关检查及卫生、动植物和其他种类检查而更换了最初施加的封印，由海关部门或承运人施加的完好封印，与最初施加的封印同样有效。

收货人的义务方面，除与上文承运人权利对应的“支付运费”的义务外，收货人还负有收取货物的义务，并且收货人只在货物由于承运人的过错而使质量发生变化，以致部分货物或全部货物不能按原用途使用时，方可拒绝领取货物。

《国际铁路直通联运公约》附件三《国际联运危险货物运送一般规定》对国际铁路直通联运中的危险货物运输作出了规定，但是公约规定非常简洁，公约提出，国际联运危险货物运送根据危险货物运送规则（以下简称规则）进行。规则规定了：

（1）国际联运危险货物的运送条件；

（2）禁止运送的危险货物一览表。

如果规则中没有规定或规则中直接禁止运送某些种类货物，则禁止进行危险货物运送。如果危险货物的状态不允许继续运送，则应扣留该货物，并按照货物在其境内被扣留的国家法律所规定的办法进行处理。公约基本沿袭了危险货物运送规则对危险货物运送的规定，并未作出特别的要求。

3.2.2 国际铁路直通联运旅客运输中的权利义务关系

根据《国际联运旅客运输合同一般规定》第一条适用范围的规定，国际联运旅客运输合同一般规定调整国际铁路联运旅客和行李运输合同的基本要求，同时一般规定适用于下列情况的旅客和行李运送：发站和到站位于两个不同两家。发站和到站位于同一国家，但运输合同在另一国家缔结。协定各方可在任意时刻提出关于不适用后者的声明。发站和到站位于同一国家，但运送需过境其他国家。

承运人的权利方面，主要体现在承运人享有收取运费的权利。运送费用（客票票价、卧铺费、行李运费），按发车之日适用的国际运价规程计算。在拒绝乘车或变更运输合同的情况下，旅客或发送人有权要求退还相应的运送费用。运送费用的退还，由合同承运人办理。退还运送费用时，可向旅客或发送人扣除同退款有关的费用，但根据运送规则退还运送费用的情况除外。在下列情况下，不退还运送费用：

（1）乘车票据丢失；

（2）由于未遵守本一般规定第七条第三项第一至四款的规定而解除运输合同；

（3）在乘车票据中没有相应记载或没有运送某一参加方的相应证明。

退还运送费用的办法，由运送规则确定。同时，承运人有权在发售乘车票据、行李票时，核收由发站至到站的全程运送费用。除运送费用外，承运人还可向旅客或发送人核收乘车票据办理国国内法律规定的附加费和杂费。另外，承运人还享有解除运输合同的权利，根据一般规定第七条第三项规定，在下列情况下，承运人有权解除运输合同：

（1）旅客、行李发送人未执行本一般规定的要求；

（2）旅客未遵守携带品运送条件；

（3）旅客的行为或状况对其他旅客的乘车条件产生不利影响或危及其他旅客的安全；

（4）旅客的行为或状况危及行车安全；

（5）承运人或对其授权的运输过程参加者不能预防以及无法消除的妨碍执行运输合同的情况。

除此之外，在携带品和动物的运送方面，如承运人有理由推断，旅客没有遵守规定的携带品运送条件，或运送了第十二条第二项所列的禁运物品，则承运人有权检查携带品是否符合运送标准和条件。承运人应在旅客在场的情况下对携带品进行检查。

承运人的义务方面，承运人的义务主要体现在将旅客、行李运送至到站并将行李交付发送人或领收人的义务，同时，承运人还负有检查旅客发送的行李是否符合《国际联运旅客运输合同一般规定》的规定和运送规则要求的义务。除此之外，对于活动受限人士，公约出于联运权利公平原则，对其提供相应的服务，根据活动受限人士的请求，承运人提供关于能够完成乘车以及进入铁路车站、旅客站台和车辆的服务信息。承运人或其委托人应在有能力的情况下保障活动受限人士进入铁路车站、客运站台和车辆。这些服务不收取额外费用。承运人在非歧视性的条件下应向活动受限人士提供预订和出售乘车票据方面的服务。活动受限人士在进入铁路车站、客运站台和车辆时需要帮助，应在乘车前不少于48小时的期限内将自己完成乘车的意愿告知承运人。在没有遵守该条时，承运人采取一切可行措施组织活动受限乘客的运输。由承运人或其授权人员确定一些方法，活动受限人士可通过这些方法告知其已抵达发送站并要求提供服务。提供帮助需满足下列条件，即活动受限人士应在列车出发前60分钟内抵达按承运人或其授权提供帮助的人员规定的地点。活动受限人士有权利随行运送携带品标准规定之外的辅助其行动的必要设备。

旅客（发送人）的权利方面，其享有的接受承运人提供的旅客、行李运输服务的权利体现在享受根据运输合同承运人提供的服务，以及在由于承运人原因，不能给旅客提供乘车票据上注明的席位，旅客可拒绝乘车。根据旅客的要求，当列车上有空闲席位时，承运人应提供任何种类的席位。当向旅客提供更高种类的席位时，不核收票价差额。当旅客拒绝乘车或向旅客提供较低等级或种类的车厢时，则由签订运输合同的承运人按运送规则中规定的办法退还全额票价或票价差额。在承运人能提供空闲席位且旅客根据所适用的运价规程补交票价差额后，旅客可换乘比乘车票据中所载等级或种类更高的席位或车厢。在乘车票据的有效期间内，旅客可在列车停站中途下车。中途下车及继续乘车的办法，由运送规则规定。

旅客（发送人）的义务方面，其负有支付运费的义务，除此之外，对于携带品的运送，旅客（发送人）还负有适当的注意义务，根据公约，旅客应注意携带品的完整和完好，并照看好随身携带的家养动物。

3.2.3 国际铁路直通联运基础设施建设中的权利义务关系

公约附件四《国际联运铁路基础设施一般规定》共有五个条款，该附件从内容上来看具有宣言性质，仅就国际联运铁路基础设施的要求进行了概括性的规定，附件第一条指出，铁路基础设施包括保证国际联运旅客和货物列车按规定的速度、重量标准和行车间隔畅通无阻和安全运行所需的技术设备，包括不同轨距的铁路基础设施。铁路线路，包括工程建筑物（桥梁、隧道等）、信号（信集闭）和通信设备、供电和电力牵引设备、保证机车车辆行车安全的设备，以及铁路车站，包括站台和进站区域，均属于铁路基础设施的组成部分。而就何为保障国际联运旅客和货物列车间隔畅通无阻和安全运行所需的技术设备，公约并未明确进行规定。

附件四中的基础设施的范围应做广义的理解，除第一条提到的工程建筑物（桥梁、隧道等）、信号（信集闭）和通信设备、供电和电力牵引设备、保证机车车辆行车安全的设备，以及铁路车站，包括站台和进站区域之外，基础设施工程项目中采用的材料和设备，也应当满足相应的要求，公约并未对相关材料和设备的标准进行正面规定，但是提出，其不应对直通国际联运旅客和货物的畅通无阻和安全运行造成障碍。

根据公约文本，国际联运铁路基础设施权利义务关系并未有清晰、具体的内容规定，笔者认为，公约对铁路基础设施的管理者施加了保障国际联运铁路基础设施满足上述标准与要求的义务，铁路基础设施管理者应拥有可以保证铁路基础设施运作，以及对其进行维护和检查其处于良好状态所需的设备。但是关于权利义务关系的具体内容并未进行规定。笔者认为，国际联运铁路基础设施的管理者与联运货物和旅客运输的承运人，或发货人、旅客等主体之间均无直接的合同权利义务关系，虽然基础设施管理者具有安全保障义务，但其中的权利义务关系应当是工程承包人与发包人之间的合同关系，在基础设施的情况下，发包人一般为一国的政府。

3.2.4 国际联运车辆使用中的权利义务关系

国际联运中的车辆的规定主要体现在公约的附件五与附件六、七。公约附件五《国际联运铁路机车车辆一般规定》对国际联运铁路机车车辆的标识、信号、设备、环保等方面提出了相应的要求，而公约附件六《国际联运货车使用一般规定》与公约附件七《国际联运客车使用一般规定》则对铁路公司间，以及车辆所属者和铁路公司间在《国际铁路直通联运公约》条件下使用货车与客车作为运输工具进行运送时的权利义务关系进行了调整。

公约首先对车辆的标志与标记提出了要求，公约附件六《国际联运货车使用一般规定》提出，在进行国际联运时，车辆所属者应保证在车辆上喷涂如下内容的标记和标志：车辆编号；有关车辆所属者的信息；有关配属站（铁路）的信息。

适用上述规定不影响有关在车辆上喷涂标准文件和协约中规定的其他标记和标志的责任。上文所列的标记和标志可通过电子识别设备予以实现或对其补充。

在国际联运货车使用中的权利义务关系主要包括车辆交接的权利义务关系、车辆的技术保养与修理权利义务关系、基于车辆所有权的权利义务关系。

在车辆交接权利义务关系中，根据《国际联运货车使用一般规定》第四条的规定，从一个铁路公司向另一个铁路公司的车辆交接，根据其间缔结的协议进行。可知，车辆交接权利义务关系主要是铁路公司之间的权利义务关系，其关系的本质为合同关系，开始时间为从办理车辆交接的办理文件开始。车辆交接办理的文件中应包含如下信息：交付铁路公司和接收铁路公司的名称；车辆编号；交接日期和时间；铁路公司间协议规定的其他信息。

在车辆的技术保养与修理权利义务关系中，车辆所属者或其授权人员保证车辆的技术状况完好。使用人铁路公司应保证车辆的完好，并在使用车辆时对其进行技术保养。如车辆由于使用人铁路公司的过错而造成破损，则使用人铁路公司应赔偿与车辆修理相关的所有费用。公约第五条并未直接规定车辆的技术保养与修理权利义务关系中的权利人，笔者认为，其权利人应为车辆的使用人，因为实践中，车辆的使用人是与使用人铁路公司签订车辆的保养与修理合同的当事方。

在基于车辆所有权的权利义务关系方面，公约对车辆的适用及车辆破损和失却的情况进行了规定。根据《国际联运货车使用一般规定》第六条的规定，车辆应用于运送其指定的货物。更换到另一轨距转向架或轮对的车辆，应通过对其进行换轮作业的车站予以返还。车辆返还至换轮站时，应将在换轮到另一轨距转向架或轮对之前从该车辆取下的同一转向架或轮对推送回该车辆的下部。车辆所属者应给予完成货物运送后的空车下一步行动的指示。如缺少该指示，则使用人铁路公司有权将空车返还至配属站，费用由车辆所属者承担。铁路公司和车辆所属者间签订的协约可对放弃本条内容规定条件。在车辆的使用中，公约对车辆所属者与铁路公司均施加了相应的注意或指示义务，这一权利义务关系基于公约产生，但是可以通过铁路公司和车辆所属者签订的协议予以放弃。

同时，公约附件在第七条规定，如使用人铁路公司不能证明车辆的失却或破损不是由其过错导致，则由其承担对车辆失却或破损的责任。如车辆上注明有可拆用具，则应对其缺失或破损承担责任。当车辆或其可拆用具失却时，仅限于根据失却时车辆配属地的市场价值进行赔偿。车辆破损时，使用人铁路公司支付赔偿的费用仅限于与修复车辆相关的支出，其数额不应超过车辆失却时的数额。铁路公司和车辆所属者间签订的协约可对放弃本条上述内容规定条件。由于车辆所属者对车辆享有所有权，因此当车辆发生破损或失却时，由使用人铁路公司承担责任。对于超过交付期限 1 个月以上，但未满 1 年的车辆，车辆所属者有权向第一个接收车辆进行运送的铁路公司提交查询车辆的申请。查询车辆的申请不视为提出失却车辆的索赔。第一个接收车辆进行运送的铁路公司应在收到查询申请之时起 3 个月内向所属者通报使用人铁路公司、车辆所在位置及其技术状态的信息。如第一个接收车辆进行运送的铁路公司未向车辆所属者进行通报，则车辆视为失却。如视为失却的车辆在支付赔款后找到，则使用人铁路公司将此事通知车辆所属者，所属者可在收到通知后的 45 日内要求返还车辆，费用由使用人铁路公司承担，同时所属者向其返还已收到的赔偿款额。如车辆所属者拒绝接收已找到的车辆或在 45 天内未通知自方决定，则已支付赔偿款额的使用人铁路公司有权根据车辆注册地现行的法律规范和文件处置已找到的车辆。铁路公司和车辆所属者之间的协约可对放弃本条款的内容规定条件。与一般物权受损时义务人应当承担严格责任不同，公约规定使用人铁路公司在不能证明车辆的失却或破损不是由其过错导致时，承担对车辆失却或破损的责任。这一规定颇具特色。首先，这一规定设立了使用人铁路公司的责任推定制度（liability presumption），即推定认为使用人铁路公司对车辆的失却或破损承担责任；其次，推翻上述责任推定的条件是使用人铁路公司证明车辆的失却或破损不是由其过错导致的，在一般的所有权责任制度中，责任人承担责任并不需要过错作为条件，只要证明物权责任人对权利人的物权造成了损害，即可要求其承担责任。这一规定首先体现了对车辆所属者的保护，同时增加的过错责任要求也体现了对使用人铁路公司权利的适当倾斜。

在车辆造成他人损失的情况下，由车辆所属者承担相应的责任，除非其可以证明损失不是由其过错导致的。这一规定与上文具有相似之处，此处不再赘述。

在联运客车使用的权利义务关系中，其权利义务关系的规定与货物使用具有极高的相似性，增加了铁路公司和车辆所属者应对为其提供服务的自方工作人员和其他人员在执行公务时负责的规定。这是基于工作人员与铁路公司和车辆所属者的劳务合同关系导致的，在工作人员执行公务时造成的损失，雇主应当承担相应的替代责任，这是劳务合同权利义务关系的普遍操作，符合国际事务惯例的理论和实践要求。

第 4 章
《国际铁路直通联运公约》的法律制度

4.1　国际联运货物运输合同中承运人的责任制度

根据《国际联运货物运输合同一般规定》第三十条的规定，承运人按本一般规定中规定的办法和范围，对发货人或收货人承担仅由运输合同产生的责任。言外之意为承运人仅承担根据运输合同产生的责任，即违约责任，而不承担侵权责任等其他责任。同时，附件一规定承运人的承担责任的范围为自承运货物之时起，至交付货物时为止，承运人对货物灭失、短少、毁损（腐坏）所造成的损失负有责任。对于承运人负有责任的货物灭失、短少、毁损（腐坏）等情况，应以商务记录作为证明。另外，承运人对货物运到逾期负有责任。

附件一对承运人的责任范围及免责条款值得分析，附件规定，承运人的责任范围不应超过货物灭失时承运人应支付的赔偿额度。

如承运的货物由于下列原因发生灭失、短少、毁损（腐坏），则承运人不予负责：

（1）由于承运人不能预防和不能消除的情况；

（2）由于货物、容器、包装质量不符合要求，或由于货物、容器、包装的自然和物理特性，以致引起其毁损（腐坏）；

（3）由于发货人或收货人的过失或由于其要求，而不能归咎于承运人；

（4）由于发货人或收货人装车或卸车的原因所造成，如果装车或卸车由发货人或收货人进行；

（5）由于货物没有运送该货物所需的容器和包装；

（6）由于发货人在托运货物时使用不正确、不确切或不完全的名称，或未遵守本一般规定的条件；

（7）由于发货人将货物装入不适于运送该货物的车辆或集装箱；

（8）由于发货人错误地选择了易腐货物运送方法或车辆（集装箱）种类；

（9）由于发货人、收货人未执行或未正确执行海关或其他行政手续；

（10）由于国家机关以与承运人无关的原因检查、扣留、没收货物。

如承运的货物灭失、短少、毁损（腐坏）发生在按特殊合同条件运送货物时，则承运人对此不予负责，且这些特殊合同条件应对免责事宜做出规定。

在下列情况下，承运人对货物短少不予负责：

（1）对于有容器或包扎运送的货物，如将货物交付收货人时件数齐全，容器或包扎完好，并且没有可以成为货物短少原因的能触及内装物的外部痕迹时；

（2）对于无容器或无包扎运送的货物，如将货物交付收货人时件数齐全，并且没有可以成为货物短少原因的能触及货物的外部痕迹时；

（3）对于由发货人装入车辆、多式运输单元或汽车运输工具的货物，如将货物交付收货人时发货人的封印完好，并且没有可以成为货物短少原因的能触及货物的外部痕迹时；

（4）对于发货人装入车辆的集装箱货物（集装箱门朝内），如该车辆内的集装箱在运送途中没有重新编组，并且交付收货人时没有检查封印，也没有可以成为货物短少原因的能触及货物的外部痕迹时；

（5）对于用发送国现行国内法律允许办理该运送的敞车类货车承运的货物，如货物在运送途中未经换装且到达时车辆完好，并且没有能够证明运送时货物不完好的痕迹时；

（6）对于施封的装载在多式运输单元或汽车运输工具内的可拆零件和备用零件，如将这些多式运输单元或汽车运输工具交付收货人时发货人的封印完好。

对于用发送国现行国内法律允许办理该运送的敞车类货车承运的货物的毁损（腐坏），如货物在运送途中未经换装且到达时车辆完好，并且没有能够证明运送时货物不完好的痕迹时，则承运人对此不予负责。

由于下列原因致使未履行货物运到期限，承运人不予负责：

（1）由于承运人不能预防和不能消除的情况；

（2）由于发货人或收货人的过失或由于其要求，而不能归咎于承运人；

（3）由于发货人、收货人或其授权人未执行或未正确执行海关或其他行政手续。

如承运的货物由于下列原因在国际铁路—轮渡直通联运中发生灭失、短少、毁损（腐坏）或运到逾期，则承运人对货物灭失、短少、毁损（腐坏）或运到逾期也不负责任：

（1）由于火灾，如承运人能够证明火灾不是由于其过失，也不是由于提供执行运输合同服务的其他人在履行职责时的过失而造成的。

（2）为拯救生命而采取措施，或为挽救财产而采取合理的措施。

（3）发生风险、危险或不幸事故。

同时，承运人仅在能够证明货物灭失、短少、毁损（腐坏）或货物运到逾期发生在水路区段上，即货物从车辆换装到水运交通工具上开始，直至从水运交通工具卸下为止的期间内时，才可引用上述免责理由。

分析国际联运货物运输中承运人的免责条款可以发现，其适用的前提是相关货物灭失、短少、毁损（腐坏）或货物运到逾期发生在水路区段上才可引用上述免责理由，这与国际上航行运输的主要公约中免责规定相似，但同时，附件一并未规定《海牙规则》和《维斯比规则》中的承运人航行过失免责，因此可以说《国际铁路直通联运公约》附件一的承运人免责规定相较上述两个公约而言规定相对比较严格，对承运人施加了较为严格的责任制度。

在举证责任方面，公约附件一规定，对由于承运人不能预防和不能消除的情况；以及由于发货人或收货人装车或卸车的原因所造成，如果装车或卸车由发货人或收货人进行而发生的货物灭失、短少、毁损（腐坏），由承运人负责举证。对于货物运到逾期不是由于承运人的过失而造成，由承运人负责举证。

例如，查明货物的灭失、短少、毁损（腐坏）可能是由于货物、容器、包装质量不符合要求，或由于货物、容器、包装的自然和物理特性，以致引起其毁损（腐坏）；由于发货人或收货人的过失或由于其要求，而不能归咎于承运人；由于货物没有运送该货物所需的容器和包装；由于发货人在托运货物时使用不正确、不确切或不完全的名称，或未遵守本一般规定的条件；由于发货人将货物装入不适于运送该货物的车辆或集装箱；由于发货人错误地选择了易腐货物运送方法或车辆（集装箱）种类；由于发货人、收货人未执行或未正确执行海关或其他行政手续；由于国家机关以与承运人无关的原因检查、扣留、没收货物。此外，在国际铁路—轮渡直通联运中发生灭失、短少、毁损（腐坏）或运到逾期，但是由于为拯救生命而采取措施，或为挽救财产而采取合理的措施；或发生风险、危险或不幸事故，而发货人或收货人未提出其他证明，则视为损失是由于这些情况而造成的。

《国际铁路直通联运公约》明确区分了承运人的举证责任和发货人或收货人的举证责任倒置，对于免责事项的分配，笔者认为，对于承运人有所参与的事项导致的货物发生灭失、短少、毁损（腐坏）或运到逾期，则由承运人承担举证责任，但对于几乎与承运人无关，承运人鲜有参与的事项，如果发货人或收货人不能提出相反的证明，则推定相关的免责情况存在。笔者认为，这是对上述较为严格的免责制度在举证责任方面的折中，以保护承运人的利益，鼓励国际铁路直通联运承运经济的发展。

同时，公约采取的责任制度使承运人为自己造成的损失负责，而在不能明确责任人时又规定了切实可行的责任额度计算方法，在另一方面也保护了托运人的利益。

4.2 国际联运货物运输合同中的运费支付制度

在国际联运货物运输合同中，因为其涉及的运输距离长，承运人可能存在多方、运费数额较大，且较国内短途单式联运更容易出现违约情况的特点，《国际铁路直通联运公约》附件一对国际联运货物运输中的支付制度作出了相应的规定。

首先，在国际联运货物运输中，运费应当在货物交付之前支付。这一安排体现在附件一的多个条款中，如第二十七条，承运人有权在收到运输合同所产生的全部费用以前留置其管理的货物。第二十四条，承运人有权要求在运送之前支付运送费用。

其次，对于涉及多个承运人的情况，根据附件一第二十八条的规定，如某承运人已收到或应该收到由运输合同产生的属于参加运送的其他承运人应得的运送费用，则须将其支付给这些承运人。承运人间由于适用本一般规定所发生的清算事宜，根据承运人间缔结的关于清算办法的协议办理。这一条款对货物联运中收到除自己外的运费的承运人施加了支付其他承运人的义务。笔者认为，在货物联运中，与承运人签订合同的往往是托运人，各个承运人之间可能并无合同上的联系，相邻的承运人也可能只在交货的时候有所交集，遑论不相邻的承运人之间可能根本不了解彼此的存在。让承运人向难以明确身份的其他承运人追偿在实践中可能对承运人造成运费无法追偿的困难，笔者建议应当对多式联运中托运人如何支付运费、能否在承运人之间进行追偿，以及托运人对承运人是否有披露义务等事项进行更加明确的规定。

相似地，对于承运人间已经支付赔偿款额的返还情况，公约附件一规定，在本一般规定中做出规定的情况下并根据本一般规定向发货人、收货人支付了赔款的承运人，有权向参加运送的其他承运人提出返还赔偿的要求，并按以下规定办理：

（1）如损失属单个承运人的过失造成，则该承运人为此负全部责任；

（2）如损失属参加运送的数个承运人的过失造成，则每一承运人各对其造成的损失负责；

（3）如不能证明损失属某个或数个承运人过失而造成，则承运人应商定责任分担办法。如承运人不能商定责任分担办法，则按该批货物在每一承运人进行运送时的行经运价公里比例分担，但能够证明损失不是由其过失而造成的承运人除外。

在返还因货物运到逾期赔款时，如货物运到逾期属数个承运人的过错所导致，则应按运送全程的总逾期日数，确定计算赔款的百分比，并按造成逾期的每一承运人所收的运费计算。

如赔偿业经司法机关判决，并且受理返还赔偿要求的承运人事先已经得知司法机关的审理，则受理已付赔款返还要求的承运人，对于提出返还要求的承运人所付的赔款是否正确，无权争辩。

关于返还按赔偿请求已付的赔偿款额的要求，应自根据赔偿请求实际支付应付款额之日起，在 75 天以内提出。司法机关已判决的赔偿要求，应在自该判决生效之日起的 75 天以内提出。

对于承运人之间赔偿款额的追偿情况，其适用的问题和上文的运费支付类似，此处不再赘述。《国际联运货物运输合同一般规定》的亮点在于对多式联运中承运人责任的分担制度，公约秉持着过错责任的基本原则，即承运人对其造成的损失负责，但对于不能证明损失是某个或数个承运人造成的情况，承运人首先商定责任的分担办法，在承运人不能商定的情况下，根据承运人运送时的行经运价公里比例分担，这一规定在实践中兼顾了承运人的运送距离、运费、在多式联运中的作用等多个因素，笔者认为虽然不能保证结果的绝对公正，但是在一定程度上降低了承运人之间运费分担的严重失衡的情况出现。同时，公约还对逾期送到的赔偿分配也进行了规定，公约规定，按照运送全程的总逾期日数，确定计算赔款的百分比，并按造成逾期的每一承运人所收的运费计算。公约规定的计算方法比起单一的责任确定方式在计算和举证上可能造成负担，但是综合多个因素考虑的安排可以降低显失公平的可能性，笔者认为从衡平法的角度出发，对于目前的洲际铁路联运是较为实际的安排。

4.3 国际联运货物运输与旅客运输合同中的赔偿请求前置制度

在国际联运货物运输中，根据《国际联运货物运输合同一般规定》第四十条的规定，相应的权利人只有提出相应赔偿请求后，方可提起诉讼，且只可对受理赔偿请求的承运人提起诉讼。凡有权向承运人提出赔偿请求的人，即有权根据本一般规定提起诉讼。同样地，《国际联运旅客运输合同一般规定》第三十一条规定，诉讼仅在根据该规定第二十九条提出赔偿请求以后才可提起。由此可以看出，公约对根据公约产生的权利义务关系发生纠纷时的司法救济途径规定了赔偿请求前置制度，那么何为赔偿请求前置制度呢?

在货物运输领域，根据《国际联运货物运输合同一般规定》第三十九条的规定，发货人和收货人有权向承运人提出赔偿请求。支付了运送费用的人，有权提出返还运送费用多收款额的赔偿请求。笔者认为，根据条文含义，对赔偿请求应做广义理解，一般意义上的“赔偿”应指对权利人造成损害之后所产生的，权利人的损害回复请求权，而《国际联运货物运输合同一般规定》将运送费用多收款额的返还请求权也囊括在“赔偿请求权”的范围之内，无疑扩大了赔偿请求权的适用范围，笔者认为，这里的赔偿请求权不仅包括损害赔偿请求权，同时还包括不当得利返还请求权。除此之外，这一请求权与一般债权的区别还在于其不可转让性，根据条文的同一款规定，该提出要求的权利不得让与他人。笔者认为，这一规定的立法背景可能考虑了多方联运实践中当事方数量和身份的不确定性与复杂性，允许请求权利的转让可能会使赔偿请求权的权利义务关系变得更加复杂，在实践中造成一定的困难。

在赔偿请求权的形式要求方面，《国际联运货物运输合同一般规定》提出，赔偿请求应附有相应依据并注明款额，以书面方式提出。赔偿请求的提出应由发货人向缔约承运人提出；由收货人向交付货物的承运人提出。赔偿请求人应在赔偿请求书上附上货物运送规则中所述的可作为赔偿请求依据的文件。所附运单和商务记录应为原件。如果权利人提出的赔偿请求不满足赔偿请求权的形式要求，则承运人不予审查，并应在收到赔偿请求书之日起的 15 天内将其退还赔偿请求人，但应注明退还原因。如承运人向赔偿请求人退还赔偿请求书晚于 15 天期限，则自上述期限满期后次日起到承运人向赔偿请求人寄送该赔偿请求书之日止中止时效期间。承运人向赔偿请求人退还此种赔偿请求书并不等于拒绝赔偿请求，也不赋予赔偿请求人向司法机关提起诉讼的权利。同时，对于分批货物，赔偿请求按每批货物分别提出，但下列情况除外：提出返还运送费用多收款额的赔偿请求时——这项赔偿请求可按数批货物提出；当数批货物编写一份商务记录时——在这种情况下，应按商务记录中记载的全部批数提出赔偿请求。根据上述规定，国际铁路货物联运对赔偿请求的形式要求并未赋予相当的实质性后果，虽然可能会对时效期间产生影响，但其实质上并不会减损权利人行使其赔偿请求的权利本身。

在责任限额方面，如上文公约基本原则的论述，公约对赔偿请求的最低和最高限额均进行了规定，此处不再赘述。

对于提出赔偿请求的后果及影响，根据公约规定，承运人必须在收到赔偿请求书之日起的 180 天以内对其进行审查，并给赔偿请求人以答复，在全部或部分承认赔偿请求时，向赔偿请求人支付应付的款额。如部分或全部拒绝赔偿请求，承运人应向赔偿请求人告知拒绝赔偿请求的理由，同时退还赔偿请求书上所附的文件。在适用本一般规定的所有情况下，任何赔偿请求仅可在本一般规定中规定的条件下和范围内向承运人提出。

在旅客运输方面，根据《国际联运旅客运输合同一般规定》第二十九条的规定根据运输合同向承运人提出赔偿请求的权利，属于旅客、行李发送人、领收人、其授权人员或旅客继承人，以及在旅客死亡的情况下，依照法律在过去或今后由该旅客向其提供物质保障，同时现在已经失去这一保障的人员。在国际联运旅客运输领域，由于公约附件二调整的权利义务关系包括国际联运旅客运输和国际联运旅客行李运输，而且在旅客身体、健康甚至生命受到损害时的权利人的范围较财产权利更广，因此在国际联运旅客运输赔偿请求权方面，其权利人的范围也较国际联运货物运输更广。在提出赔偿请求的对象方面，公约规定，行李运送的赔偿请求向合同承运人提出，或者向交付行李的承运人提出。同时，在旅客生命或健康遭受损害的情况下，赔偿请求提出的对象也扩大至参与运送的任何一个承运人，这一规定无疑有利于保障旅客的生命、健康权利，笔者认为这一规定体现了《国际铁路直通联运公约》在人权保护方面的进步之处，也是消费者权利保障的体现。另外，关于支付对列车或直通车厢停运的赔偿请求，公约同样规定了权利人可根据运输合同向参与运送的任何一个承运人提出。笔者认为，这一规定是基于列车或直通车厢停运时可能存在各个承运人均负有责任，而旅客存在过错责任举证困难的情况，因此对旅客的权利保护进行了适当的倾斜。然而，笔者认为，在列车或直通车厢停运，且过错方清晰的情况下，旅客的赔偿请求权应当被限定在负有过错的承运人之上，而不应该拓宽责任方的范围。

在赔偿请求的形式要求方面，赔偿请求应以书面形式提出，并附上相应依据和赔偿款额。以乘车票据为依据的旅客运送赔偿请求应向合同承运人提出。相似地，申请人应在赔偿请求书中附上运送规则规定的作为赔偿请求依据的文件。承运人发给旅客、发送人和领收人的文件应为正本。承运人应自收到赔偿请求书之日起 180 天内（如国内法律未规定更短的期限）审核赔偿请求、给申请人以答复，并在全部或部分承认赔偿的情况下向申请人支付应付的款额。如果全部或部分拒绝赔偿请求，承运人应以书面形式通知申请人拒绝赔偿请求的理由，同时退还赔偿请求书中所附的文件。如提出的赔偿请求书违反了上述形式规定，则承运人对其不予审核，并在收到赔偿请求书之日起 15 天内将其退还申请人，并注明退还原因。承运人向申请人退还赔偿请求书并不表明拒绝赔偿请求。

笔者认为，无论是在国际联运货物运输领域还是在国际联运旅客运输领域，设置赔偿请求前置程序的原因在于国际联运运输权利义务关系的复杂性。虽然公约规定了赔偿请求提出之后可以在被告人所在地法院提起诉讼的内容，但是就国际司法实践的情况来看，在国际诉讼纠纷中，从诉讼法院的管辖权，纠纷适用的法律，包括程序法与实体法，到国际诉讼实际进行过程中的各方当事人的参与，再到诉讼判决作出后的执行，各国的实践都存在较大的分歧，国际诉讼较仲裁而言，并不是解决国际争端的行之有效的方法，公约也对上述问题避而不谈，仅仅设计了管辖法院的条款，且相关条款的规定，如“承运人所在国家的司法机关”“承运人所在国家的适当司法机关”等规定，均非常模糊，而实用性寥寥。相较于诉诸成员方的国内法院，公约更希望争端各方能够在提出赔偿请求的阶段就能够解决相关纠纷。而对于这一前置程序是否能够切实解决当事方的争端，笔者认为，一方面，在国际联运货物运输方面，一般合同的参与方都是大宗货物的运输，在收到具体且有充分说服力的书面赔偿请求文书后，仍然拒绝支付相应款额会在一定程度上减损赔偿请求义务人在国际铁路联运中的声誉和地位，这一因素的考量可能会在一定程度上促进赔偿请求义务人履行其义务。另一方面，在国际商事纠纷中，比起诉讼，当事方更倾向于选择仲裁作为解决争端的途径，国际商事仲裁相应地对国际争端的解决起到了一定程度的分流作用，而且就近年来的实践来看，国际商事仲裁越来越蓬勃发展，其专业、高效、有效的特征，尤其是在《纽约公约》的影响下，其仲裁裁决在全球范围内的广泛认可与执行度也在吸引着越来越多的国际商事参与者选择其作为争端解决的方案。但同时，在当事双方力量对比悬殊，尤其是在国际联运旅客运输的情况下，面对庞大的国际联运承运人，赔偿请求权利人公约相关救济途径的不足可能会使其权利不能得到很好的实现。

责任限额方面上文均已进行过论述，此处不再赘述。

4.4 国际联运旅客运输合同中承运人的责任制度

4.4.1 国际旅客运输合同中责任的一般规定

在国际铁路联运旅客运输中，根据《国际联运旅客运输合同一般规定》第十八条的规定，承运人对旅客、发送人或领收人未履行或不合理履行运输合同规定的各自义务承担责任，根据这一规定，国际旅客运输合同中责任的权利主体为旅客、发送人及领收人，责任义务人为承运人，这也与《国际联运旅客运输合同一般规定》调整国际联运旅客运输法律关系及行李运输法律关系相一致。同时可以看出，承运人在国际旅客运输合同中承担的是过错责任制、分别责任制，在多方联运汇总，承运人仅对各自义务承担责任。另外，在国际联运旅客运输中产生的责任为基于合同规定产生的责任，作者认为，这一规定限定了责任的范围为违约责任，但在旅客生命或健康遭受损害时其责任范围扩大至侵权责任，这一问题将在后文展开详细论述，此处不再赘述。

对于免责条款，公约附件二规定，由于下列情况未履行或不正确履行运输合同规定的各自义务，应免除承运人责任：

（1）出现承运人未能预防也无力消除的情形；

（2）因旅客、发送人或领收人过错造成的损失；

（3）尽管承运人采取了所有预防措施，但仍未能避免或防止其后果的第三方行为。

（4）旅客、发送人和领收人违反有关国际铁路联运旅行时应遵循的护照管理、海关、卫生、检疫和其他规定。

同时，如果承运人责任属于第三方行为引起，但根据本条第二、三项，承运人不能完全免除责任，承运人应承担本一般规定的责任，同时保留向第三方提出返还代偿要求的权利。这一规定对承运人的义务施加了较高的要求，因为在过错责任的基础上，即使运输合同的不履行或不正确履行是由旅客、发送人、领收人或第三方行为导致的，但如果承运人没有采取“所有”预防措施，则承运人仍然不能完全免除责任。公约条文中“所有预防措施”的规定指代的范围可谓非常之广，笔者认为，这一范围的规定在合同解释时可能会对承运人非常不利，应当采取“合理预防措施”或其他类似的表达。虽然“合理预防措施”在实践中解释可能也存在不确定的问题，但其仍然属于自由裁量权的范围，但“所有预防措施”的规定则在表面上（on its face）对承运人施加了过重的预防措施的要求。

另外，承运人对其工作人员，以及承运人为履行运输合同而使用其服务的其他人员在履行职责时的行为负责。这是替代责任的规定，相比较《海牙规定》和《维斯比规则》中规定的承运人对船员的航行过失免责，公约附件二的这一规定无疑更有利于旅客、发送人和领收人的制度规定。

在举证责任方面,《国际联运旅客运输合同一般规定》实行和《国际联运货物运输合同一般规定》相似的规定，由于出现承运人未能预防也无力消除的情形；因旅客、发送人或领收人过错造成的损失；尽管承运人采取了所有预防措施，但仍未能避免或防止其后果的第三方行为；行李、容器和包装的质量不符合要求，或者由于行李、容器和包装的自然和物理特性，以致引起毁损（腐坏）所述的情形造成行李灭失、短少、毁损（腐坏）时，承运人应负责举证。

但如查明，行李灭失、短少、毁损（腐坏）可能是由于发送人填写了不正确、不准确或不完全的行李名称，或者在行李中有禁止运送的物品；发送人在托运行李时未遵守本一般规定的条件，以及发送人或领收人未遵守运送规则中所规定的要求；国家机关由于与承运人无关的原因检查、扣留或没收行李所述的情况造成，且发送人和领收人未提出其他证明，则认为损失是由于这些情况所造成。

对于承运人之间已付赔偿款的返还请求，公约规定，已按本一般规定向旅客或发送人（领收人）支付了赔款的承运人，有权根据下列规定向其他参加运送的承运人提出返还代偿的要求：如果损失是由于某一承运人的过错所造成，则该承运人是这一损失的唯一责任人；如果损失是由于参加运送的数个承运人的过错所造成，则每一承运人对由于各自过错所造成的那部分损失负责；如果不能证明损失是由于一个或数个承运人的过错所造成，以及无法划分其间的过错，则承运人之间应商定责任分摊办法。如果承运人不能商定责任分摊办法，则由参加该项运送的承运人按照每批货物所通过的运价公里比例在彼此之间分摊责任，但能证明损失与其过错无关的承运人除外。在返还行李运到逾期赔款时，如行李运到逾期是由于数个承运人的过错所造成，计算赔款的百分比应按运行全程的总逾期天数和造成逾期的每一承运人所收运费的数额确定。如赔偿的返还系根据司法机关的判决确定，且被要求返还赔款的承运人事先已得知司法机关审理案件一事，则该承运人对提出返还代偿要求的承运人支付的赔偿是否正确，无权争辩。根据赔偿请求支付的赔款返还要求，应自实际支付赔款之日起 75 天内提出。根据司法机关判决确定的赔偿要求，应自该项判决生效之日起 75 天内提出。对于上述规定以外的条款，承运人之间可进行约定。

公约还特别规定了旅客和发送人对承运人的责任，旅客和发送人在乘车和行李运送中由于未履行其义务对承运人造成的损害，或在承运人遭受到所运物品或动物的损害时，应承担实际损失范围内的责任。乘车时未出示乘车票据的旅客，应支付给承运人乘车费和在发现该次乘车的国家境内已乘坐里程的罚金。支付乘车费和罚金的办法，根据在其境内发现未提出乘车票据的旅客所在国的国内法规确定。如能证明损害是由于旅客或发送人无法避免的情形，以及尽管清楚其责任的旅客或发送人按照要求采取了所有防范措施，但仍未能防范其后果而造成的，旅客和发送人可免除责任。

4.4.2 国际联运旅客运输合同中旅客的生命、健康损害赔偿制度

在国际联运旅客运输中，在旅客的生命、健康受到损害时，承运人的责任与一般情况下有所不同。根据《国际联运旅客运输合同一般规定》第十九条的规定，在进行国际铁路联运运送时，承运人对旅客自乘车之时开始至下车时止遭受的生命、身体及心理健康损害负责。笔者认为，这一条的规定构成了上述旅客运输合同责任特别规定，因此在适用上具有优先性。根据公约条文，对于旅客自乘车之时至下车时“遭受”的生命、身体及心理健康损害，承运人承担责任。这一条文确定了承运人的责任期间是旅客自乘车之时至下车时，而在这期间发生的所有相关损害，承运人均将承担责任，这相当于对承运人施加了旅客的生命、身体及心理健康的保证义务，这是由于在国际旅客运输的过程中，旅客相对处于承运人的控制和管理下，其生命、身体及心理健康受承运人的影响较大的原因。公约同时也对此时承运人的免责事项进行了规定，如果对旅客的生命或健康造成的损害属旅客自身蓄意行为造成，则免除承运人的责任。另外，在进行国际铁路联运运送时，对旅客生命或健康遭受损害时的责任，由造成损害时执行运送的承运人承担。

在旅客生命或健康遭受损害的情况下的损失赔偿包括旅客身体或心理健康遭受损害时的赔偿以及在旅客死亡时的赔偿。在旅客身体或心理健康遭受损害的情况下的赔偿包括：由于身体健康

损害所承受的必要的可以出具依据的费用；由于完全或部分丧失劳动能力或鉴定其所需需求的提高而使旅客承受的损失。在旅客死亡情况下的赔偿包括：由于旅客死亡引起的必要费用；非立即死亡引起的必要费用，适用旅客身体或心理健康遭受损害的情况下的赔偿规定。同时，在旅客死亡的情况下，依照法律在过去或今后由该旅客向其提供物质保障，同时现在已经失去这一保障的人员有权提出赔偿请求。这些人员、损害赔偿办法与额度一览表，根据旅客遭受损害时所在国的国内法律确定。在旅客死亡的情况下，损失赔偿的权利人的范围有所扩大，不仅包括其权利继受人，同时包括依照法律在过去或今后由该旅客向其提供物质保障，同时现在已经失去这一保障的人员。笔者认为，这是公约在人权保障和衡平法方面进步的规定。同时，如国内法律未对该项赔偿规定更大的额度，则损害赔偿的支付额度不应低于 3000SDR（国际货币组织确定的特别提款权），对赔偿责任最低限额的规定也对赔偿请求权利人的权利提供了保护。

4.4.3 列车或直通车厢晚点或停运情况下的责任

根据《国际联运旅客运输合同一般规定》第二十一条的规定，关于承运人在列车或直通车厢晚点或停运的情况下的责任，承运人在下列情况下对旅客承担责任：列车或直通车厢在旅客运行全程或中途停运；由于列车或直通车厢晚点，乘客无法根据同一运输合同完成对接列车的换乘。列车或直通车厢晚点到达旅客终点站时旅客乘车距离小于或等于 3499 公里时晚点 60 分钟及以上；或旅客乘车距离自3500公里起晚点300分钟及以上。当执行国际铁路联运运送时，如果发生列车及直通车厢晚点或停运的情况，则由参加运送的合同承运人和接续承运人对旅客承担责任。在列车或直通车厢晚点或停运的情况下，其责任制度的核心是赔偿范围和赔偿的计算方法，关于这两个问题，公约提出，旅游有权在运输合同晚点超过上述规定时间的情况下解除合同，并享有运送规则规定的权利以及运输合同适用的权利。但同时，公约并未规定旅客可以获得因此造成的预期利益受损赔偿。笔者认为，公约将预期利益受损排除在列车或直通车厢晚点或停运状况下的责任之外是有其合理之处的，国际联运旅客运输客流量大，且由于运送距离长，影响因素众多，发生停运或晚点的概率也会相应增大，限制旅客运输的赔偿范围可以对国际联运旅客运输中的承运人提供保护，进而鼓励国际联运旅客运输的发展。

关于第二个问题，公约对列车晚点到达旅客终点站时的责任计算方法作出了如下规定，根据运输合同，如旅客不行使第二十二条第一项第一款中所规定的权利，则旅客有权获得下列赔偿：旅客乘车距离小于或等于3499公里：当晚点60—119分钟（包括119分钟）时，为乘车票据价格的25%；当晚点120分钟及以上时，为乘车票据价格的50%；旅客乘车距离自3500公里起及以上：当晚点300—599分钟（包括599分钟）时，为乘车票据价格的25%；当晚点600分钟及以上时，为乘车票据价格的50%。若一张票中办理“往返”乘车，对于列车或直通车厢在其中一个方向上晚点的赔偿费，按照乘车票据价格的一半计算。由承运人规定赔偿的形式及其支付办法。如旅客在获得乘车票据前已被告知列车晚点，则不予支付赔偿费。除设置责任限额保护承运人利益外，公约对晚点的赔偿计算方案进行了相对明确且具体的规定，为国际联运旅客运输提供了切实可行的执行依据，可圈可点。同时，在同一条文中，公约还规定，如果无法在当天最近一段时间内继续乘坐相应条件下的其他列车，则承运人尽可能按相应的条件将旅客组织运送到其终到站或可向旅客提供酒店或其他宿所，并负责从铁路车站到宿所的交通，在必要的情况下可住宿一晚或多晚。在本一般规定第二十一条第一项规定的情况下，承运人应将预计发车或到达时间通知旅客。在列车晚点超过本一般规定第二十一条第一项第三款中规定时间的情况下，参考列车晚点时间，尽可能向旅客免费提供饮食。由此可见，公约对晚点情况下旅客的安排也进行了适当的考量，体现了公约的人文关怀与国际联运旅客运输服务行业的本质特性。

4.4.4 对行李及携带品的责任

根据《国际联运旅客运输规定》基本概念部分所作的界定，行李是指承运人所承运的，用旅客列车的行李车运送的旅客物品；而携带品是指旅客随身携带的物品。在国际联运旅客运输中的行李和携带品的运输与国际联运货物运输具有一定的相似性，在运送行李方面，在承运行李开始至交付行李为止，由于行李灭失、短少、毁损（腐坏）所造成的损失，以及行李逾期送达等原因，承运人对旅客、发送人或领收人承担责任。关于运送行李的免责条款，公约规定，承运人对下列情况不承担责任：行李、容器和包装的质量不符合要求，或者由于行李、容器和包装的自然和物理特性，以致引起毁损（腐坏）；发送人填写了不正确、不准确或不完全的行李名称，或者在行李中有禁止运送的物品；发送人在托运行李时未遵守本一般规定的条件，以及发送人或领收人未遵守运送规则中所规定的要求；国家机关由于与承运人无关的原因检查、扣留或没收行李。由于下列原因导致未遵守行李运到期限，应免除承运人的责任：发生积雪、水灾、崩塌和其他自然灾害时，期限在 15 天以内；当存在其他与承运人责任无关的原因引起运送终止或延期。同时，在运送全程至交付行李时发生灭失、短少、毁损（腐坏）的情况下，合同承运人和承运行李的每一接续承运人承担连带责任和根据运输合同的相关义务。这是《国际铁路直通联运公约》中唯一一处连带责任制度的规定，笔者认为，对于其他情况下的责任，其原因都有国际联运运输负责性的影响，即客观因素占到多数，而在行李发生灭失、短少、毁损（腐坏）的情况下，一般情况下其主要原因是承运人的过失。与国际联运货物运输不同的是，货物运输一般涉及大宗货物运输，而旅客运输中的行李则为旅客的个人财产，对于行李发生灭失、短少、毁损（腐坏）的情况，其赔偿额度一般不会太高，即使允许连带责任也不会对旅客运输的承运人造成过重的负担，但同时又可以对旅客的权益施加相应的保障。

在行李全部或部分灭失、毁损（腐坏）、运到逾期的赔偿方面，公约规定，当本一般规定要求承运人向发送人（领收人）支付未声明价格行李全部灭失或部分灭失、毁损（腐坏）的赔款时，损失按照国内法律所论证的额度予以赔偿，但重量短少的赔偿额每公斤不超过 8SDR 或者所有行李不超过 600SDR。在缺少已灭失或毁损行李定价的证据时，损失按重量短少的每公斤不超过 2SDR 或者所有行李不超过 150SDR 的额度进行赔偿。当已声明价格的行李全部或部分灭失时，承运人应向发送人（领收人）支付有关声明价格的款额或行李灭失部分的声明价格份额。除上述规定的费用外，还应向发送人（领收人）退还为运送灭失行李或其灭失部分所付的运送费用和其他费用。如行李运到逾期，则自要求行李交付之时起，承运人应按每昼夜予以支付，但自运到期限终了之时起不得超过十昼夜：如发送人（领收人）证明由此已造成损失，则对其损失额，按重量不超过每公斤 0.2SDR 或按逾期交付的全部行李不超过 14SDR 予以赔偿。如发送人（领收人）不能证明损失是由此而造成的，则对其损失额，应按重量不超过每公斤 0.14SDR 或按逾期交付的全部行李不超过 9SDR 予以赔偿。如行李全部灭失，或行李部分灭失，根据行李运到逾期的规定对未灭失部分的赔偿额进行支付。如行李毁损（腐坏）不是由于运到逾期而造成的，必要时，可以对赔偿额进行合并计算。上述规定的赔偿款总额，不应超过行李全部灭失时损失赔偿款额度。行李全部或部分灭失、毁损（腐坏）、运到逾期时损失赔偿办法由运送规则确定。行李全部或部分灭失、毁损（腐坏）、运到逾期时的损失，如国内法律未规定更高的赔偿额度，按照上述规定的额度进行赔偿。

在携带品方面，公约规定，仅在因承运人过错导致旅客随身携带或以携带品形式携带的物品，包括活动受限人士的设备全部或部分灭失或毁损而使得旅客遭受损失时，承运人对旅客承担责任。如果旅客死亡或对旅客健康造成损害，则承运人对旅客随身携带或以携带品形式携带的物品，包括活动受限人士的设备全部或部分灭失或损毁而造成的损失承担责任。如损失是由于旅客随身携带的物品全部或部分灭失或者损毁而造成的，在存在国内法律规定的证据的情况下，根据上述予以赔偿，如果国内法律未规定更高的赔偿额度，则不应超过 500SDR。公约对携带品责任的规定相对简单，一方面是因为携带品的灭失或损毁在实践中较另外几种责任形态不常发生；另一方面也是因为其即使发生，赔偿额度也不会很高，因此重要性稍显薄弱。

4.5　公约的特权与豁免制度

《国际铁路直通联运公约》的特权与豁免制度主要规定在公约的附件八中，虽然《铁组公约》第八条中并未将附件八列入公约的框架之中，而且考虑到公约附件八草案于 2014 年 11 月 21 日起草，而《国际铁路直通联运公约》的《铁组公约》于 2015 年 3 月 20 日修订一稿，2017 年 3 月 31 日修订一稿，而两稿均未将公约附件八《关于铁路合作组织特权和豁免权议定书》列入其中，但笔者仍然认为，秉持着《维也纳条约法》公约善意解释的原则，公约附件八应尽量作有效性解释。[1] 通观公约全文，并未发现任何内容赋予《关于铁路合作组织特权和豁免权议定书》特殊的地位和性质，公约附件八从法理上看应当与其他七个附件具有相同的法律地位，即都是《国际铁路直通联运公约》不可分割的一部分。基于此，公约附件八对铁路合作组织特权与豁免制度的规定也应当成为《国际铁路直通联运公约》法律制度中不可分割的一部分。

就铁路合作组织的豁免权制度方面，主要包括财产豁免和行为豁免两方面制度。

4.5.1 财产豁免

首先，在财产豁免方面，公约第一条规定，铁组、其财产和资产无论位于何处，无论由谁支配，均享有免于任何形式的司法干涉的权利。这一规定相当于赋予了铁路合作组织财产豁免的权利，主要豁免与司法干涉。但是公约同时也规定，铁路合作组织可以自行决定放弃某些情况下的豁免权，这与豁免制度中的规定相一致。在国家主权豁免中，豁免包括司法管辖豁免与执行豁免。国家管辖豁免指一国国家的行为和财产不受他国的立法、司法和行政管辖，国家的管辖豁免可以由国家自愿放弃，但放弃必须是明确和特定的，可以由国家明示放弃或者默示放弃（国家通过在外国法院的行为，表示接受法院的管辖等与“诉讼行为”相关的

---

① See *Vienna Convention on the Law of Treaties* art. 32, *opened for signature* May 23, 1969, 1155 U.N.T.S. 331.

行为)，但是对管辖豁免的放弃，不意味着放弃执行豁免。这里对于铁路合作组织的豁免权规定明显借鉴了国家豁免权制度规定的内容，赋予了铁路合作组织的豁免权，而这一豁免权是可以被放弃的。但是，铁组的豁免权与国家豁免权存在不同之处，公约附件八规定，铁组可以自行决定放弃某些情况下的豁免权，但是这种放弃不适用于对其要求特别放弃的司法执行措施。对于何为“对其要求特别放弃的司法执行措施”，公约并未进行明确的规定，笔者认为，公约这一规定旨在对铁路交通运输领域及国际组织的豁免制度作出让步，如有要求特别放弃的司法执行措施，则公约并不干涉相关制度对铁路合作组织提出更高的要求。

其次，在财产豁免方面，公约还规定，铁组的房舍不得受到侵犯。未经铁组委员会主席同意，相应国家权力机关的代表不得进入这些房舍。铁组房舍、其财产和资产无论位于何处，无论由谁支配，均不得被搜查、没收、征用或剥夺，或通过执行、行政、司法、法律或其他行为的任何其他形式的干涉。属于铁组或由其支配的文献、文件和正式函件，无论其位于何处，均不得受到侵犯。上述对铁路合作组织房舍、文件的规定明显借鉴了外交官员与领事官员的豁免制度规定。在外交官员与领事官员豁免制度方面，使馆的特权与豁免包括如下六个方面：使馆馆舍不得侵犯；使馆档案及文件不得侵犯；使馆享有通讯自由，包括保护自由通信、使馆来往公文不得侵犯、外交邮袋不得开拆或扣留、保护外交信差；免纳捐税、关税；行动及旅行自由；使用国旗和国徽。而使馆和领馆均对馆舍的特权与豁免制度进行了规定，铁路合作组织更接近哪一制度呢？笔者认为，对于使领馆特权与豁免的区别，在馆舍不得侵犯方面，若为使馆，则非经使馆馆长允许，不得入内。使馆的范围包括使馆的公务和休息区域，以及馆长的私人官邸；而若为领馆，则非经馆长同意，接受国人员不能进入的仅包括领馆的工作区域；且遇紧急情况时可未经许可采取紧急行动；另外，一国政府可征用领馆馆舍、设备及其财产，但应该给予补偿。在通信自由方面，使馆和领馆的共同点在于：装置及使用无线电发报机均需经接受国许可、外交信差和领事信差执行职务时人身不得侵犯；不同点在于：外交邮袋不得开拆或扣留，并应保障迅速传递。但领馆邮袋可在派遣国授权代表在场下开拆，若派遣国拒绝开拆，邮袋应退回原发送地。笔者认为，铁路合作组织享有的特权与豁免更接近使馆的待遇，从公约对铁路合作组织的条约本身来看，公约对铁路合作组织房舍、财产、文件无论在何种情况下均不得被搜查、没收、征用或剥夺，或通过执行、行政、司法、法律或其他行为的任何其他形式的干涉的规定相当明确，并未规定任何例外情况。此外，根据《关于铁路合作组织特权和豁免权议定书》第五条的规定，通讯手段和公务函件作为其正式通讯手段，铁组在每个铁组成员方境内享有不低于该国政府按惯例向外国外交代表处或类似国际组织提供的便利条件的权利。铁组所有正式通知和公务函件，不论使用何种手段或采用何种形式进行转交，均享有免于检查的权利。该豁免权尤其适用于印刷出版物、照片、录音和音像制品、影片和幻灯片等。铁组有权使用电码及经由信使或使用邮袋收发信件，这种信件和邮袋享有与外交信使和外交邮袋同样的豁免权和特权。《关于铁路合作组织特权和豁免权议定书》第五条明确赋予了铁路合作组织通讯手段和公务函件与外交信件和外交邮袋同等的地位，更加佐证了这一点。

除此之外，在免征税款方面，《关于铁路合作组织特权和豁免权议定书》第二条规定，铁组、其资产、收入和其他财产免于缴纳在成员方境内征收的所有直接税、税款和增值税（包括根据相应成员方的标准法律文件返还的形式），而用于具体服务（劳务）形式的费用除外；在运入和运出铁组作为公务用途的物品时，免除关税和其他费用，免于进出口禁止和限制。除非与成员方政府商定条件，否则运入该成员方境内的免税进口物品不得在该国出售；在运入和运出私人出版物时，免除关税和其他费用，免于进出口禁止和限制。对于这一规定，可以看出铁路合作组织享有的税收优惠涉及范围相对较广，且广义的税收优惠不仅包括税收款项的免除，还包括免于部分禁止和限制。税收款项的免除涉及在成员方境内征收的所有直接税、税款和增值税，且包括根据相应成员方的标准法律文件返还的形式，仅用于具体服务（劳务）形式的费用除外；在运入和运出铁组作为公务用途的物品时，关税和其他费用也可以免除，禁止和限制方面，在运入和运出铁组作为公务用途的物品、运入和运出私人出版物时也可以免除进出口禁止和限制。笔者认为，上述规定体现的特点如下：首先，公约对铁路合作组织特权与豁免的规定相对宽泛，税收免除涉及的种类较多。一方面，这为铁路合作组织提供了相当的优惠，有助于其更好地履行自己的职能，促进洲际铁路交通运输领域的发展；

另一方面，公约中“关税和其他费用”等语言不够明确，而且，对于铁路合作组织运送物品时禁止和限制的免除扩展到了运送私人出版物的限制，上述两点内容可能会有损一国的税收主权，并且可能会对一国的国家安全埋下隐患。对于上述规定，中国的税务机关持相对保守的态度，可能会提出保留或反对意见。除此之外，出于对铁路合作组织在日常运营过程中资金业务的需求考量，附件八《关于铁路合作组织特权和豁免权议定书》第四条规定，铁组可以获得任何基金、货币、现金或不动产有价证券并由其支配。铁组为实现公约或铁组领导机关决议规定的任何目的，可以对其进行支配，同时可以拥有任意货币账户及为履行赋予其义务所必需的数额。

4.5.2 行为豁免

在铁路合作组织行为豁免方面，《关于铁路合作组织特权和豁免权议定书》第六条对铁组成员代表的特权与豁免进行了规定，根据公约，被派遣参加铁组机关会议或由其召集的其他活动的铁组成员代表，在其履行自身义务时和前往这些会议举行地点及返回的行乘途中，享有下列特权和豁免权：

（1）个人免于受到拘捕或扣留、个人行李免于受到查封，以及在履行公务时的所有讲话、书写稿或行为，以及其已不履行类似职责之后、其在履行公务职责时相关的所有行为均享有司法诉讼豁免权；

（2）公务函件和文件，包括存有相关信息的计算机软件、录像带、光盘和其他信息载体，均不得受到侵犯；

（3）在其临时停留的国家境内或在其过境国家境内，如不与铁组成员方参加的国际协议和协定相违背，则免除对其本人及其配偶的外国人移民和登记的限制；

（4）有权使用电码并通过信使或外交邮袋获得文件或信件；

（5）与外国政府代表在公务出差期间享有的有关兑换货币或外汇限额方面的相同优惠；

（6）与外交代表享有的有关其个人行李方面的豁免权和优惠；

（7）外交代表享有的与上述不相抵触的其他特权、豁免权和优惠，要求对运入的商品（并非其个人行李部分）免征关税或销售时免征消费税和其他税款的权利除外。

可以进一步看出，公约对铁组成员代表赋予了与外交代表相似的特权与豁免，这一相似不仅体现在制度内容的规定上，而且公约也明确将外交代表可能享有的其他特权与豁免作为铁路合作组织成员代表特权与豁免的兜底规定。

对于铁组委员会工作人员，《关于铁路合作组织特权和豁免权议定书》第七条规定，被派遣参加铁组机关会议或由其召集的其他活动的铁组委员会工作人员，在其履行自身义务和前往这些会议举行地点及返回的行乘途中，享有下列特权和豁免权：

（1）个人免于受到拘捕或扣留、个人行李免于受到查封，以及在履行公务时的所有讲话、书写稿或行为，以及其已不履行类似职责之后、其在履行公务职责时相关的所有行为均享有司法诉讼豁免权；

（2）公务函件和文件，包括存有相关信息的计算机软件、录像带、光盘和其他信息载体，均不得受到侵犯；

（3）在其临时停留的国家境内或在其过境国家境内，如不与铁组成员方参加的国际协议和协定相违背，则免除对其本人及其配偶的外国人移民和登记的限制；

（4）在发生国际危机时，由其抚养的家庭成员享有与国际组织工作人员相同的遣返优惠待遇。

铁组委员会工作人员的特权与豁免相比之下在范围和程度上都不及铁组成员代表享有的特权与豁免，笔者认为，对于铁组委员会工作人员的特权及豁免与铁组成员代表的特权及豁免可以比照外交代表与领事官员的特权及豁免进行理解，因上文已经进行了论述，故此处不再赘述。

公约不仅仅规定了铁组成员代表和铁组委员会工作人员的特权与豁免，还对上述特权与豁免进行了相应的约束。《关于铁路合作组织特权和豁免权议定书》第八条规定，赋予铁组成员代表、铁组委员会工作人员的特权和豁免权是为了铁组，而非为了个人利益。若铁组成员和铁组委员会主席认为豁免权阻碍了法律的执行且拒绝该豁免权不会影响铁组的利益，则铁组成员和铁组委员会主席拥有权利和义务相应地拒绝赋予任何人员的豁免权。部长会议有权拒绝铁组委员会主席的豁免权。在不损害其特权和豁免权的情况下，享有特权和豁免权的所有人员在其履行与铁组活动相关的自身公务时，应遵守其所在国的国家法律。由此可以看出，铁组成员代表和铁组委员会工作人员的特权与豁免的限制主要包括两个方面：一个是来自铁组内部的限制，即如果上述豁免权阻碍了法律的执行，这里的法律笔者认为应当理解为成员方国内的法律，而且这一豁免权的执行并不有利于铁路合作组织的利益，即仅对铁组成员代表和铁组委员会工作人员个人有利，则铁组成员和铁组委员会主席可以在意思自治（discretion）的范围内拒绝赋予该成员的豁免权。这一决定可以被部长会议拒绝。另一个限制是铁组成员代表和铁组委员会工作人员在履行职务时应当遵循所在国家的国内法。

第 5 章
《国际铁路直通联运公约》存在的问题

5.1 公约整体架构不够合理

5.1.1 章、节、条、款标题与其下内容不符

有关章、节、条的标题名称不科学，容易引起对公约内容的误解。考虑到公约文本的体例及简约，建议在附则中规定，章节条的标题不具实质意义，应以公约具体条文阐释公约内容。

例如，《铁组公约》第二条“铁组的权能”含义不明，如第二章标题“组织机构”，不明白是指谁的“组织机构”，如果指铁组的组织机构，该章下的第十二条标题是“铁组机构”，显然重复了。而且该章下的第九条“铁组成员”、第十条“铁组公司”等，严格来说不属于“组织机构”。

又如，《铁组公约》第十三节“争议的解决”放在第三章“程序和铁组文件”章下，容易将争议限定理解为就程序和铁组文件理解或适用的争议，但实质上第四十四条明确规定了“理解或适用本公约的任何争议”，因此争议解决应该单独设立一章。

再如,《铁组公约》第四章标题为“拨款”，含义也不明，其与该章下第五十四条标题“专项拨款”中的拨款显然不属于一个含义。而且，该章下的内容包括预算、会费等，用“拨款”无法涵盖。

5.1.2 《铁组公约》条文逻辑与顺序组织存在缺陷

《铁组公约》条文没有按一致的逻辑顺序组织相关内容，导致内容上有些混乱。

例如，第十二条规定的铁组机构包括：部长会议；铁路公司大会；监察小组；授权代表会议；铁组委员会；铁组专门委员会；根据部长会议或铁路公司大会决议成立的其他机构。但后文从第五节到第十节，却是按照部长会议、铁路公司大会、授权代表会议、铁组委员会、铁组专门委员会、监察小组的顺序进行规定的。

例如,《铁组公约》第二十四条第一款规定委员会由下列人员组成：委员会主席、委员会副主席、委员会秘书、组成铁组专门委员会全体工作人员的其他公职人员，但后面第二十五条至第二十八条却是按照委员会员工、主席、副主席、秘书的顺序进行规定。

5.2 部分名词使用不清、指代不明

1. 铁组成员、缔约方（缔约各方）、成员方

《铁组公约》第九条“铁组成员是缔约各方，以及按本公约第

六十一条和第六十二条规定办法加入本公约的各国政府和区域经济一体化组织”，规定了三者关系。

第二、六、七十二条“缔约方”应为“铁组成员”，导语、第一、九、六十八、七十条的“缔约方”可以保留。

从概念的统一性上，第六十二条等条的“铁组每一成员”用语可以规范为“每一铁组成员”。

2. 最高领导机构、领导机构、铁组领导机构

《铁组公约》第十三条规定部长会议是铁组最高领导机构，第十六条规定铁路公司大会是铁组领导机构，两者关系如何，没有明确规定，在不同条文中也显示出公约在两者关系界定上的模糊：

《铁组公约》第十四条第一款第十八项做的排除规定，与“最高领导机构”的性质不符。

《铁组公约》第十九条第一款第四项与第二十条第四项都有关于通过有关设立和解散铁组专门委员会临时工作组的决议，这两者是否有区别，当有冲突如何解决（如根据第十九条设立的临时工作组，可否根据第二十条予以解散）。

《铁组公约》在第十七、二十三、二十六、三十一、四十条使用了“铁组领导机构”，但却所指不明。如果从第二十六条第一方案第八款“各自”用语来看，包括部长会议和铁路公司大会。但这样，第二十三、三十一条则存在如何处理两者关系的问题，如第三十一条第四款“根据铁组领导机构的决议，……任命专门委员会主席”，主席只有一个，究竟谁任命，如果两者都有权，是否意味着要经过两者同意，如果两者意见不一致如何处理？上述问

题在上文中进行了详细的论述，此处不再赘述。

3. 铁路公司大会参加方、大会参加方、有表决权的（铁路公司）大会参加方

在《铁组公约》第十六、十七、十八条中分别使用了上述三个名称，但三者的关系不明，致相关条文意义不明：

《铁组公约》第十六条第五款的“大会参加方”有歧义，不知是指参加该次会议的参加方，还是指一般意义上的专有名词的“大会参加方”（包含没有参加会议但拥有“大会参加方”身份的）。

根据《铁组公约》第十六条第二款的规定，铁组成员授权机构向铁路委员会通报本国享有表决权的大会参加方，这种通报是每次会议通报还是按任期通报?

《铁组公约》第十八条第二款规定，铁路公司大会参加方可将权利转让，这种转让是指一国间的转让还是可以不同国家间转让，是否包含表决权的转让，这些问题的不同答案，会直接影响到会议能否召开、会议表决能否通过等实质问题。

4. 授权机构负责人、授权机构负责人授权代表、铁路公司大会参加方、铁路公司大会参加方授权代表

《铁组公约》第十九、二十、二十一条使用了上述名称。但第二十一条“铁组成员授权机构负责人”就是“铁组成员授权机构负责人授权代表”。

《铁组公约》第二十一条规定了授权代表联席会议由铁组委员会主席召集，但公约对部长会议、铁路公司大会、授权机构负责人授权代表会议、铁路公司大会参加方授权代表会议由谁召集都

没有规定。这些会议的会议主持（主席）、召开时间、地点、频次、会议语言等也都没有规定。

5. 区域经济一体化组织、国际组织、联盟、政府间和非政府间国际组织

公约在不同条文中使用了上述不同名词，各名词的含义是什么？为什么在同一条文使用了不同的术语。

6. 运输、铁路运输、国际运输、国际铁路运输、亚欧运输、国际铁路直通联运

公约中的不同条款使用上述不同名词，在不同条文中使用了不同范围的名词的含义与目的是什么，是否妥当，如第七条各款的用语是否恰当。

7. 委员会员工、委员会公职人员、从事行政技术工作的工作人员等

在第八节里，用了不同名称：委员会员工、委员会公职人员、从事行政技术工作的工作人员、组成铁组专门委员会全体工作人员的其他公职人员、委员会委员；专门委员会全体工作人员、专门委员会专家、专门委员会全体工作人员的公职人员、专门委员会全体工作人员。

但是上述名称的相关含义不明：

（1）“委员会员工”是否就是指“委员会委员”。

（2）“委员会员工”是否包括委员会主席、副主席和秘书。

（3）“委员会员工”是否都是委员会组成人员（看似只有委员会公职人员才是），如果不是，为什么要将这两者统称为“委员会

员工”，而不将其中属于组成人员的“委员会公职人员”称为“委员会委员”，而将另一部分“从事行政技术工作的工作人员”称为“委员会员工”，这样更符合一般的表达习惯。

（4）第二十四条第一款第四项“组成铁组专门委员会全体工作人员的其他公职人员”也是铁组委员会的组成人员，说明这部分人是在两个机构里任职的，他们是否也是“委员会公职人员”（尤其是第二十九条所指）。

（5）第二十九条既用了“委员会公职人员”，也用了“委员会委员”，这两者区别为何？

（6）根据第三十一条第三款，“专门委员会主席”+“由公职人员担任的专家”=“专门委员会全体工作人员”，再根据第四款的规定，主席从“组成专门委员会的公职人员中任命”，说明主席也是公职人员，那么“专门委员会全体工作人员”应该都是公职人员，怎么又会出现有“组成专门委员会全体工作人员的公职人员中”这样的概念（意既还有专门委员会全体工作人员还非公职人员的行政技术人员）？前后矛盾。

（7）根据第三十一条第三款的规定，“专门委员会主席”和“专家”是并列的，那么根据第三十九条第二款，专门委员会的决议由专家投票通过，则意味着主席没有投票权。

8. 委员会仲裁

第四十五条第一款，用到“委员会仲裁”，但根据该条第三款“委员会本身不解决争议”，以及第四十七条仲裁员的来源并不限定由委员会人员中，可见该用语应该是习惯表达上的“仲裁委员会”。

5.3 相关成员、组织机构的职责设定不清、规定不明

1. 第五条“铁组……组织国际直通联运”，作为一个国际组织，其无法直接组织国际直通联运。作为规定铁组宗旨的条款，用更原则些的“推进”更妥。

2. 第七条第二款“简化铁路运输过境方面的国际法”，铁组应该是优化国际法，简化铁路运输过境方面的手续。

3. 第十一条第一款第二项、第二款第二项、第四款第二项，赋予铁组观察员、铁组联系企业“审查”部长会议、铁路公司大会会议问题（虽然不具有表决权）不妥，或不具有表决权也不统称为审查，其权限仅限于参与“讨论”。

4. 第十三条第四款铁组成员可以声明不执行部长会议决议，但对本公约有关修改和补充决议却不能声明不执行，在公约本身都可声明保留的情况下，这种排除不合理，意味着铁组成员对所有公约的修改和补充都要执行，不可能。对争议管辖也不能不执行，这相当于强制管辖，意味着不得保留，也不妥，不当限制铁组成员权利。

5. 第十四条第一款第四项“核准铁组委员会定员表”与第十项“核准铁组委员会的职位分配办法”的含义分别是什么？

6. 第二十七条委员会副主席职责不明。考虑到中国最有可能担任副主席，应在该条中强化副主席职权，如明确副主席协助主席工作，以及列举一些具体权限。考虑我方利益，是否可以将“同一个国家的公民连续担任委员会副主席职务不得超过两个任期”

更明确地限定为“同一个国家的公民连续担任同一职位的委员会副主席职务不得超过两个任期”，为担任分管部长会议权限副主席后再次担任分管铁路公司大会权限副主席提供可能。

7. 第十七条铁路公司大会权限第一款第四项只列举了赋予铁组联系企业地位，缺失了中止、剥夺这种地位的权限。

8. 第二十三条委员会的权限第二款第八项规定，与政府间与非政府间国际组织签订合作协议，根据第十四条的规定，应该经部长会议决议。

5.4 公约对部分情况考虑不全面、规定不完善

1. 如第二十六至第二十八条关于委员会主席、副主席、秘书的任期，都规定了不得连任超过两个任期。但是对因故未能任满一届任期的如何选任、如何计算任期没有规定。

2. 第二十四条第二款第一项的“下设机构”太宽泛，具体指哪些下设机构应明定，不是临时机构。

3. 第四十七条第三款仲裁组长的组成没有考虑到争议方多于两方的情况。第四款仲裁员的组成没有考虑到在多个申请人情况下，互为申请人与被申请人，难以形成共同申请人或共同被申请人的情况。

4. 第十三条，没有规定仲裁的效力。

5. 第五十七条，铁组的标志和旗帜是什么要加以规定，以及对成员如何使用该标志要加以基本的规范。

6. 第五十九、七十三条，既然正式语言是英文、中文、俄文，那么在分歧时就不能仅以俄文文本为准，而应参酌三种文本共同含义进行解释。

5.5 公约有些表述不够精确

1. 第三十五条第四款，按“字母顺序”进行，此是指“成员名称的字母顺序”，还是“议题的字母顺序”。

2. 第三十六、三十七条的“一致通过”是指所有成员一致通过，还是出席会议成员一致通过，第三十六条的“五分之四”，是指出席会议的还是所有成员的？第三十九条“简单多数”的含义是什么？

3. 第四十二条第一、二款，应该是根据公约所产生的规则和标准与公约相悖，公约是根本、是参照系。

4. 第四十四条，“铁组成员与铁组之间争议的解决”，根据公约设立的目的，铁组成员与铁组的争议，应该在铁组各类会议上通过表决解决了，铁组的会议就是为了解决成员间的争议，达成一致意见而召开的。因此此种争议原则上是不存在的。如果认为存在，再根据本条第二款途径解决，也将陷入逻辑矛盾，有关适用铁组公约的解释、适用的决议，应该是由部长会议做出决议的，也就是说，铁组成员与铁组的争议，实质是铁组成员与部长会议间的争议，这种争议还由部长会议解决，违反了当事人又是法官的公正原则，此种设计没有意义。

5. 第五十二条第四款，拖欠会费的后果，不是规定解决的程序，重点是规定不利后果，因此对拖欠会费的，按第六十三、六十四条规定处理。

6. 退出的通知在送达后既为生效，但根据第六十五条第二款的规定，退出则应该在通知生效后的一年后才生效，因此第六十五条第三、四款的“通知生效”都应换成“退出生效”。

第六十六条第二款规定在公约生效前开放签署，期限不少于一年，但是生效公约什么时候生效，根据六十八条的规定，在具体时间上是不确定的，如果缔约方行动积极，公约从提交开放签署到生效前短于一年。

7. 第七十二条第一方案规定，“只有在本公约明示许可的情况下，方可作出保留”，但哪些可以保留，公约没有作出规定。

第二方案规定第一款，“何一缔约方在任意时间声明，其完全不采用本公约的某些附件”，后期的加入方可否保留？另外，这种广泛的授权，有些完全保留，是否构成了实质的不加入或退出公约。该款前后两句的关系是什么？是否意味着对某些附件整体可任意保留，但对具体条文的保留则需要明示许可？

第 6 章
完善《国际铁路直通联运公约》的中国立场与中国方案

6.1 《国际铁路直通联运公约》对中国的意义

中国作为《国际铁路直通联运公约》的缔约成员方，是铁组部长会议成员之一，同时也在铁路合作组织中扮演着重要的角色，加入《国际铁路直通联运公约》可以促进中国铁路法治化和基础设施的发展，进而促进中国在国际铁路运输领域，区域经济一体化领域的蓬勃发展。

《国际铁路直通联运公约》虽然部分条款还有待改善，但就总体而言，其立足于成员方的国情与国际铁路货物、旅客联运领域的实践情况，兼顾了承运人、发货人及旅客等各方国际铁路货物、旅客运输权利义务关系参加人的利益，并且与大部分国际交通运输领域的公约不同，《国际铁路直通联运公约》对于逾期运送、运费计算等方面，都规定了非常具体、可行、明确的计算方式，有很强的实用性。在铁路合作组织建立之后的半个世纪的运营过程中，在国际形势动荡的背景下仍然能够稳定地运行并对国际铁路联运事业起着卓越的作用，也正体现了这一点。加入《国际铁路直通联运公约》使中国在制定国内相关的交通运输法律规则时可以借鉴《国际铁路直通联运公约》的相关的进步的规定。并且由于中国加入的公约在适用时具有优先性，或优先适用或转化适用的实践在制度上确保了中国铁路联运领域能够很好地吸收《国际铁路直通联运公约》中的进步规定。同时，《国际铁路直通联运公约》在基础设施建设、信息沟通等方面的要求也会促进中国国内铁路基础设施建设的发展，以使其适应国际铁路联运的需求。

国际铁路货物、旅客运输的发展并不是《国际铁路直通联运公约》的终点，交通运输领域的蓬勃发展为中国在国际贸易、服务领域的发展奠定了基础。在国际贸易领域，便利的运输事业有助于中国在区域经济一体化及其他国际合作中开展贸易活动；在国际服务领域，安全、快捷的旅客运输有助于国际服务贸易的发展，同时也便捷了国际交流与合作。国际交通领域的繁荣最终将促进中国国际经济领域的发展，为中华民族的繁荣复兴贡献力量。

6.2 我国对完善《国际铁路直通联运公约》的基本态度与立场

首先，中国应当贯彻其在国际交往合作中互惠互利的宗旨。在《国际铁路直通联运公约》的成员方中，中国扮演着举足轻重的角色，在铁路合作组织中除有和其他成员方一致的表决权外，还在副主席的任职等方面承担着更多的责任。中国在《国际铁路直通联运公约》及依据其产生的铁路合作组织中应当继续履行其应有的职能，体现中国的大国风范，在国际组织与合作中掌握积极主动的发言权，巩固互惠共赢、互相扶持的合作组织的运行，中国应当防范霸权主义与强权政治的萌芽，在国际交往中不歧视、不欺压任何一个小国，力求建立一个共同发展、共同进步的合作组织，促进各国的互惠互利。

其次，注重发挥中国在国际铁路运输事业中的领导和协调作用。中国作为铁路合作组织中的大国与世界第二大经济体，在交通运输领域的发展，尤其是高铁技术的进步是世界瞩目的。中国应当注意发挥其在国际铁路运输事业中的领导作用，促进各国铁路交通领域的发展，将先进的交通运输科学技术和立法技术惠及各国。同时注意协调铁路合作组织中各个成员之间的合作关系，尤其是在中国“一带一路”倡议的背景下，促进建立和谐共赢的国际关系。

最后，中国应当保障合作层次的多样性，主要体现在既要在立法层面上实现各国交通运输领域的和谐与在一定程度上的兼容，同时也要在基础设施建设、科学技术信息交流等方面开展合作，全面促进国际铁路直通货物和旅客运输领域的发展。

6.3 《国际铁路直通联运公约》中具体规定的中国方案

上文在对《国际铁路直通联运公约》的具体内容分析时，主要是从法理的角度对公约的内容和规定展开的论述，结合中国的国情和基本原则的立场又应当如何看待《国际铁路直通联运公约》呢？笔者认为，中国对于《国际铁路直通联运公约》中具体规定的方案包括以下几个方面。

6.3.1 中国对《国际铁路直通联运公约》的适用

6.3.1.1 适用范围

根据《铁组公约》第八条的规定，如未根据《国际铁路直通联运公约》第七十二条提出保留，则在国际铁路联运中必须适用下列规定：《国际联运货物运输合同一般规定》（附件一）；《国际联运旅客运输合同一般规定》（附件二）；《国际联运危险货物运送一般规定》（附件三）；《国际联运铁路基础设施一般规定》（附件四）；《国际联运铁路机车车辆一般规定》（附件五）；《国际联运货车使用一般规定》（附件六）；《国际联运客车使用一般规定》（附件七）。以上附件是《国际铁路直通联运公约》不可分割的部分。然而，在铁路合作组织官网上公布的附件文本还有2014年11月21日版国际铁路直通联运公约附件八条文草案《关于铁路合作组织特权和豁免权议定书》。《国际铁路直通联运公约》附件八的起草和公布早于《铁组公约》2015年草案与2017年草案，但是无论是2015年3月20日修订的《铁组公约》草案还是2017年3月31日修订的《铁组公约》草案，都未将附件八纳入《铁组公约》第八条提出的“公约不可分割的一部分”当中。笔者认为，这一情况应当属于《铁组公约》起草者的疏忽，因为在《铁组公约》第五十六条中，公约明确提出，铁组、委员会员工、被邀请的专家和铁组成员代表在履行其职责时，享有在《铁组特权和豁免议定书》（本公约附件八，本公约不可分割的组成部分）规定条件下的必要的特权和豁免权。由此可见，立法者显然是将附件八规定的内容也作为公约体系中不可分割的一部分来对待的。同时，虽然《铁组公约》第八条并未将该附件草案列入《国际铁路直通联运公约》公约体系中，但笔者认为，根据《维也纳条约法公约》的善意解释原则，应当对附件八作有效性解释[①]，应当将其也解释为《国际铁路直通联运公约》公约体系中的一部分。也因此，中国在适用《国际铁路直通联运公约》时，其适用的范围为《铁组公约》及其项下的八个附件草案。

6.3.1.2　适用效力

《国际联运货物运输合同一般规定》作为《国际铁路直通联运公约》的附件一，主要调整国际铁路直通联运和国际铁路—轮渡直通联运中货物运输合同中的法律关系。其适用范围不仅局限于铁路联运，国际铁路货物联运货物运送在根据各方国内法律开办货运业务的车站之间进行；而在国际铁路—轮渡货物联运中，则有各方公布的为办理此类运送的水运区段参与。《国际联运货物运输合同一般规定》在成员之间的适用具有强制性权力，《国际联运货物运输合同一般规定》第四条提出，直接或间接背离本一般规定条件的运送合同的任何条件，均为无效，并没有法律效力，但

① Vienna Convention on the Law of Treaties art. 32, *opened for signature* May 23, 1969, 1155 U.N.T.S. 331.

本一般规定做出保留声明的情况除外。这些条件的无效并不导致运送合同其他条件的无效。可见《国际联运货物运输合同一般规定》对成员内的国际铁路直通联运和国际铁路—轮渡直通联运关系的强制性管辖，然而，笔者认为公约文本本身存在一定的矛盾，因为该附件第二条第三项的文本指出，如各方同时是有关铁路货物运输合同法律标准的其他国际协定的参加方，则上述各方铁路车站之间的运送，可以按照这些协定的条件办理。同时，在《铁组公约》第七十一条，公约提出，本公约不触及任一铁组成员因加入其他国际协定所产生的权利和义务，在不损害本公约促进、完善和简化国际铁路联运的目的和宗旨，且不损害在与其他铁组成员方相互关系中全面适用本公约的情况下，作为区域经济一体化组织成员的铁组成员，相互之间适用区域经济一体化组织的规定，不适用由本公约产生的规定，但区域经济一体化组织未对某一具体问题做出规定的情况除外。上述规定使《国际联运货物运输合同一般规定》适用时的强制性权力有所减弱，且有可能会在《国际联运货物运输合同一般规定》与成员签署的其他国际协定不一致时导致适用上的问题。《国际联运旅客运输合同一般规定》当中也存在类似的问题，这里不再赘述。

中国作为《国际铁路直通联运公约》的成员方，当然应当遵守公约项下的规定，笔者认为，《国际联运货物运输合同一般规定》与《国际联运旅客运输合同一般规定》在其适用范围内对中国有强制适用的效力，但需要同时考量中国签署的其他铁路交通运输领域的公约，在不减损中国在其他公约项下权利和义务的情况下适用《国际铁路直通联运公约》。中国在洲际铁路交通运输领域签署的公约及加入的组织主要为《国际铁路运输公约》及国际铁路运输政府间组织，关于二者的适用问题将在下文展开详细论述。

6.3.2　关于铁路合作组织的特权与豁免

公约附件八《关于铁路合作组织特权和豁免权议定书》对铁组的特权与豁免进行了规定，这一制度在上文中已经进行了详细论述，此处不再赘述。然而需要注意的是，公约附件八中并未体现出《国际铁路直通联运公约》将要适用限制豁免制度的内容，但是在《铁组公约》对铁路合作组织性质的界定中却存在相对矛盾的表述。

根据《铁组公约》第一条，铁组在缔约各方签署《国际铁路直通联运公约》后改组为政府间国际组织。由上文国际铁路运输领域合作与发展的历史可知，早期的国际铁路联运协定的签订方为各国的铁路事务局，而非地方政府，《国际货协》与《国际客协》的级别也仅为部门间协定，这就使得早期的国际铁路运输协定的级别低于一般的国际条约，在适用上造成了一定的困难。新时期的《国际铁路直通联运公约》为政府间国际公约，并宣称将铁组改组为政府间国际组织。政府间国际组织作为国际法主体之一，具有独立参与国际关系的资格、具有直接享有国际法上权利的能力、具有直接承担国际法上义务的能力。除此之外，根据《国际铁路直通联运公约》第三条第一款的规定，铁组拥有实现其宗旨所必需的国际权利和能力。然而，《国际铁路直通联运公约》第三条第二款确定了铁路合作组织为法人，关于法人能否作为国际法主体目前在理论界仍有争议，国内普遍否认自然人及法人的国际法主体地位。

政府间国际组织独立于国家，作为和国家平级的国际法主体，其日常的运行主要依据自身的章程和国际法律文件，相对脱离主权国家的控制。而“法人”的定义是指法律上具有民事权利能力和民事行为能力，依法独立享有民事权利和承担民事义务的组织。根据这一定义，将铁路合作组织界定为“法人”首先便存在问题，即铁路合作组织是依据何种法律成立的具有民事权利能力和民事行为能力的组织？“法人”定义中的“法律”一般是指国家的国内法，而政府间国际组织是以政府间协议作为成立和活动的依据，在此，铁路合作组织便是以《国际铁路直通联运公约》作为成立和活动的依据，而《国际铁路直通联运公约》显然不属于国内法，因此这一规定从概念上便存在矛盾。

另外，铁路合作组织作为政府间国际组织与作为法人在权利义务的身份方面存在模糊。依据《国际铁路直通联运公约》第三条第一款的规定，铁组享有实现其宗旨所必需的国际权利和能力，这一规定可谓非常之宽泛，且并未直接从正面规定铁组的权利与能力，而是“实现宗旨所必需”的国际权利和能力。如果我们转眼铁组的宗旨，可以发现《国际铁路直通联运公约》第五条规定，铁组的宗旨是为发展铁路运输领域的合作创造条件，建立统一的铁路运输空间，增强洲际铁路通道的运输安全和竞争力，发展国际直通联运。这一宗旨的规定同样非常广泛，单从语意上理解，为发展铁路运输领域的合作创造条件可以涵盖基础设施方面的经济合作条件、铁路运输领域的法律规范合作条件、国际铁路运输的国际协定条约条件等多个方面；从这一角度出发，铁路合作组织享有权利义务的界限在何处似乎并不明确，而且上述由宗旨出发的权利规定模式将会为超越权限的铁组行为提供实践漏洞——对于超越权限的行为，只要可以解释为有利于铁组运行的宗旨，即可落入《国际铁路直通联运公约》规定的权利和能力范畴之中。更为重要的是，上述广泛的权利与能力似乎是铁组作为政府间国际组织时应当享有的权利和能力，那么，当铁路合作组织作为法人展开活动时，其是否还享有相应的宽泛的权利和能力呢？例如，根据《国际铁路直通联运公约》附件八《关于铁路合作组织特权和豁免议定书》第一条第一款，铁组、其财产和资产无论位于何处，无论由谁支配，均享有免于任何形式的司法干涉的权利，但铁组自行决定放弃某些情况下豁免权的情况除外。而根据《国际铁路直通联运公约》第三条第二款第四项的规定，铁组可以作为被告出庭，综合这两点规定进行分析，是否意味着铁组可以自主放弃管辖豁免，但其财产仍然享有执行豁免？如果说这一模糊尚且可以类比国家主权限制豁免的理论进行解释，那么根据《国际铁路直通联运公约》附件八第二条第一款第一项的规定，铁组、其资产、收入和其他财产免于缴纳在成员方境内征收的所有直接税、税款和增值税，（包括根据相应成员方的标准法律文件返还的形式），而用于具体服务（劳务）形式的费用除外。这是否意味着铁组在履行其依据《国际铁路直通联运公约》第三条第二款规定的作为法人可以施行的签订合同、购置资产、从事金融操作及参与诉讼时可以免征税款？铁组此时作为法人享有的“超法人待遇”的来源和依据又是什么？

笔者认为，最为合理的解释是《国际铁路直通联运公约》希望保留铁路合作组织政府间国际组织的地位，以方便其在各国政府之间发挥协调和促进的作用，同时能够独立于主权国家的影响，作为一个独立的国际法主体发挥自己的职能；同时在铁组参加日常商务贸易时，又希望铁组能够像一般法人一样参与商务贸易往来。在笔者看来《国际铁路直通联运公约》似乎意欲采取和国家主权限制豁免相似的立场，以保证铁组能够正常参与商事活动，但公约中欠缺明确的表述，因此限制豁免的原则并不能得以适用，如果公约希望采取限制豁免原则，则应当在未来的公约文案中予以明确说明，如若不然，笔者则建议删除第三条第二款的表述，因为在实践中，政府间国际组织，甚至是国家主体一般也可以签订开展其活动必需的合同；购置、租赁、处置动产和不动产；开立银行账户，并办理任意币种的资金业务；及以原告或被告的身份出庭；增加铁组是法人的表述会对公约解释造成困惑，产生铁组除一般情况下政府间国际组织参与商事活动的权利义务外，还具有法人的其他特征，并承担和法人的地位与身份相应的责任的误解。

同时，在第三条第二款第四项的表述中，“以原告或被告身份出庭”的含义存在争议，若从语意上狭义地理解，可以解释为铁组可以作为原告或被告参与诉讼程序，“可以”的表述意味着这是铁组的一项权利而非义务，铁组可以选择作为原告或被告参加诉讼程序，也可以坚持管辖豁免，此时则不必出庭；另外，即使作为原告或被告参与诉讼程序，也只能解释为铁组放弃了管辖豁免，其仍然保留有执行豁免，即使铁组作为被告败诉，其财产仍然不能被强制执行。但正如上文所说，上述情况是政府间国际组织参与实践的通常情况，如若按此种解释，那么特意强调铁组作为“法人”的意义又何在？是否可以理解为将铁组规定为“法人”的地位则意味着其将承担和法人同等的义务和责任？这一规定存在的逻辑法律漏洞应当进一步进行澄清。

对于中国来说，就中国的立法和司法实践来看，中国坚持的是绝对豁免理论，虽然这一主张是针对国家豁免制度来说，似乎与铁路合作组织的豁免并不矛盾。但是笔者认为，国家之所以享有主权豁免，是基于国家之间地位平等的背景，在这一背景下，任何一国的国内法庭当然不具有审理其他任何主权国家的权利。而对于政府间国际组织来说，由于其成立于政府间协议，因此从本质上来说政府间国际组织不依据任何国内法而产生，在地位上不同于依据国内法产生的组织，因此也不应当受任何国内法调整。可以看出，在国家主权豁免领域与政府间国际组织豁免领域从法理上讲存在关联性与相似性。作为一个在国际社会中扮演重要角色，享有重要话语权的国家，中国在豁免领域的主张应当具有一致性。对政府间国际组织绝对豁免理论的让步会影响到中国对国家主权豁免立场的理论基础。因此笔者认为，中国对于铁路合作组织在豁免领域的地位应当坚持绝对豁免理论，包括铁路合作组织司法管辖豁免与执行豁免两个方面。

6.4 《国际铁路直通联运公约》与中国签署的其他铁路联运公约（COTIF）的适用关系

6.4.1 国际铁路运输政府间组织与铁路合作组织的关系

国际铁路运输政府间组织（以下简称 OTIF）的立法依据《国际铁路运输公约》（以下简称 COTIF）第三条国际合作第一款规定，各成员方原则上承诺，将铁路领域国际合作集中在本组织框架内，以便与第二条（宗旨）和第四条（职能的接受和转让）赋予本组织的任务保持一致。为达到该目的，各成员方应采取一切必要和有效措施，对其参与签署的现行国际多边公约和协议进行适应性修改，使其涵盖铁路领域国际合作，并赋予与本组织任务相交叉的其他政府间组织或非政府组织相应权限。

铁路合作组织的立法依据《国际铁路直通联运公约》第四条与国际法主体及其他组织和联合体的合作规定：（1）铁组可以就其权限范围内的问题，与国家、区域经济一体化组织以及利益和活动与铁组宗旨有关的国际组织开展合作。（2）铁组可以就属于其活动方向的问题开展适当活动，以便同国际组织和联盟进行磋商及合作。

《铁组公约》第七十一条与其他协定的关系规定：（1）本公约不触及任一铁组成员因加入其他国际协定所产生的权利和义务。（2）在不损害本公约促进、完善和简化国际铁路联运的目的和宗旨，且不损害在与其他铁组成员方相互关系中全面适用本公约的情况下，作为区域经济一体化组织成员的铁组成员，相互之间适用区域经济一体化组织的规定，不适用由本公约产生的规定，但区域经济一体化组织未对某一具体问题做出规定的情况除外。

由此可见，中国欲加入 COTIF，则应采取一切必要和有效措施，对其参与签署的现行国际多边公约和协议进行适应性修改，使其涵盖铁路领域国际合作，并赋予与 OTIF 任务相交叉的其他政府间组织或非政府组织相应权限。且由于《铁组公约》并不触及任一铁组成员方因加入其他国际协定所产生的权利和义务，且赋予了成员方适用区域经济一体化组织的规定而排除适用《铁组公约》的自由。故中国在加入 COTIF 时，在不损害《铁组公约》促进、完善和简化国际铁路联运的目的和宗旨，以及不损害在与其他铁组成员方相互关系中全面适用《铁组公约》的前提下，应当对《铁组公约》及其他现行国际多边公约和协议进行适应性修改，以符合 COTIF 的国际合作要求。

6.4.2　中国对《国际铁路直通联运公约》与 COTIF 的适用

根据 COTIF 的规定，中国可以与加入《铁组公约》的成员方就《国际铁路客运合同统一规则》和《国际铁路货运合同统一规则》商定补充条款，但不得违背 COTIF 这一统一规则。各成员方原则上承诺，将铁路领域国际合作集中在本组织框架内，以便与第二条（OTIF 的宗旨）和第四条（职能的接受和转让）赋予 OTIF 的任务保持一致。为达到该目的，各成员方应采取一切必要和有效措施，对其参与签署的现行国际多边公约和协议进行适应性修改，使其涵盖铁路领域国际合作，并赋予与 OTIF 任务相交叉的其他政府间组织或非政府组织相应权限。据此，中国不可和已经加入《铁组公约》的国家签订双边协议，自主决定采用不同的国际铁路公约的条款，而是应当对《铁组公约》作出适应性修改，或就不符点对 COTIF 作出相应保留，以实现这两个国际铁路公约的统筹和协调。下文将对相关问题展开详细的论述。

6.4.2.1　对 COTIF 进行保留的法理依据

6.4.2.1.1　保留的概念

《维也纳条约法公约》称“保留”者，谓一国于签署，批准、接受、赞同或加入条约时所做之片面声明，不论措辞或名称如何，其目的在摒除或更改条约中若干规定对该国适用时之法律效果。[①]

1978 年《关于国家在条约方面继承的维也纳公约》对保留所作的定义为：“保留是指一国在签署、批准、接受、赞同或加入条约，或发出继承条约的通知时所作的片面声明，无论措辞或名称为何，其用意在于排除或更改条约中若干规定对该国适用时的法律效果。”而 1986 年《关于国家和国际组织间或国际组织相互间条约法的维也纳公约》对保留的解释为：“一国或一国际组织在签署、批准、正式确认、接受、核准或加入条约时所作的单方面声明，不论措辞或者名称为何，其目的在于排除或更改条约中某些规定对该国或该国际组织适用时的法律效果。”这两个公约是在 1969

① Vienna Convention on the Law of Treaties art. 2, opened for signature May 23, 1969, 1155 U.N.T.S. 331.

年《维也纳条约法公约》的基础上，增加了提具保留的时机，即除了在签署、批准、接受、赞同或加入条约时可以提出保留，分别增加了在发出继承条约的通知时以及正式确认时或核准时可以提出保留的时机，可以认为是对1969年《维也纳条约法公约》进行的适时补充和扩展。

1999年，联合国国际法委员会在《关于条约保留的实践指南》中对保留的定义更臻完善："一国或国际组织在签署、批准、正式确认、接受、核准或加入条约，或一国发出继承条约的通知时所作的单方面声明，无论其措辞或名称为何，该国或该国际组织意图借此排除或更改条约中某些规定对该国或该组织适用时的法律效力。"

6.4.2.1.2 保留的形式和程序

《维也纳条约法公约》第二节对保留的形式和程序进行了相关规定，各成员方一国得于签署、批准、接受、赞同或加入条约时，提具保留，但有下列情形之一者不在此限：该项保留为条约所禁止者；条约仅准许特定之保留而有关之保留不在其内者；或凡不属上述两款所称之情形，该项保留与条约目的及宗旨不合者。①《维也纳条约法公约》赋予了成员方对所签署、批准、接受、赞同或加入的条约提出保留的权利和自由，但各国对条约提出保留应当符合一定的条件，即该保留不为条约所禁止，或当条约只允许特

① Vienna Convention on the Law of Treaties art. 19, opened for signature May 23, 1969, 1155 U.N.T.S. 331.

定的保留而这一保留符合相关的特别规定，并且这一保留不得与条约的目的及宗旨不符。

对于一国对条约的保留，其他国家可以接受或反对这一保留，公约规定，凡为条约明示准许之保留，无须其他缔约方事后予以接受，但条约规定须如此办理者，不在此限。倘自谈判国之有限数目及条约之目的与宗旨，可见在全体当事国间适用全部条约为每一当事国同意承受条约拘束之必要条件时，保留须经全体当事国接受。倘条约为国际组织之组织约章，除条约另有规定外，保留须经该组织主管机关接受。凡不属以上各项所称之情形，除条约另有规定外：

（1）保留经另一缔约方接受，就该另一缔约方而言，保留国即成为条约之当事国，但须条约对各该国均已生效；

（2）保留经另一缔约方反对，则条约在反对国与保留国间并不因此而不产生效力，但反对国确切表示相反之意思者不在此限；

（3）表示一国同意承受条约拘束而附以保留之行为，一俟至少有另一缔约方接受保留，即发生效力。

就适用第二项与第四项而言，除条约另有规定外，倘一国在接获关于保留之通知后十二个月期间届满时或至其表示同意承受条约拘束之日为止，两者中以较后之日期为准，迄未对保留提出反对，此项保留即视为业经该国接受。[①] 而对上述保留及对保留

① Vienna Convention on the Law of Treaties art. 20, opened for signature May 23, 1969, 1155 U.N.T.S. 331.

提出反对意见的法律效果，公约同时规定，对保留国而言，其与该另一当事国之关系上照保留之范围修改保留所关涉及条约规定；及对该另一当事国而言，其与保留国之关系上照同一范围修改此等规定。同时，此项保留在条约其他当事国相互间不修改条约之规定。倘反对保留之国家未反对条约在其本国与保留国间生效，此项保留所关涉之规定在保留之范围内于该两国间不适用之。①

同时，公约还赋予了对公约提出保留的国家撤回保留的权利，公约规定，撤回保留及撤回对保留提出之反对除条约另有规定外，保留得随时撤回，无须经业已接受保留之国家同意。除条约另有规定外，对保留提出之反对得随时撤回。除条约另有规定或另经协议外：保留之撤回，在对另一缔约方关系上，自该国收到撤回保留之通知之时起方始发生效力；对保留提出之反对之撤回，自提出保留之国家收到撤回反对之通知时起方始发生效力。②

对于保留的程序，公约规定，保留、明示接受保留及反对保留，均必须以书面提具并致送缔约方及有权成为条约当事国之其他国家。保留系在签署须经批准、接受或赞同之条约时提具者，必须由保留国在表示同意承受条约拘束时正式确认。遇此情形，此项保留应视为在其确认之日提出。明示接受保留或反对保留系在确认保留前提出者，其本身无须经过确认。撤回保留或撤回对

① Vienna Convention on the Law of Treaties art. 21, opened for signature May 23, 1969, 1155 U.N.T.S. 331.

② Vienna Convention on the Law of Treaties art. 22, opened for signature May 23, 1969, 1155 U.N.T.S. 331.

保留提出之反对，必须以书面为之。①

6.4.2.1.3　中国加入《维也纳条约法公约》的保留意见

第八届全国人民代表大会常务委员会第二十五次会议决定中华人民共和国加入《维也纳条约法公约》，同时声明如下：

（1）中华人民共和国对《维也纳条约法公约》第六十六条②予以保留。

（2）台湾当局于1970年4月27日以中国名义在《维也纳条约法公约》上的签字是非法的、无效的。

我国在对多边条约提出保留时主要是基于以下几类事由。

第一类，涉及国际争端解决条款提出的保留。这类条约保留在我国提出的保留条约中占有比较大的比重，究其原委，主要是由于我国在处理国际争端时一贯主张通过谈判、协商等外交途径解决，而不是通过国际法院或国际仲裁解决国际争端。

第二类，关于香港和澳门特别行政区适用国际条约的保留。

第三类，关于“台湾当局”盗用“中国名义”的签署或批准

① Vienna Convention on the Law of Treaties art. 23, opened for signature May 23, 1969, 1155 U.N.T.S. 331.

② 《维也纳条约法公约》第六十六条司法解决、公断及和解之程序倘在提出反对之日后十二个月内未能依第六十五条第三项获致解决，应依循下列程序：（甲）关于第五十三条或第六十四条之适用或解释之争端之任一当事国得以请求书将争端提请国际法院裁决之，但各当事国同意将争端提交公断者不在此限；（乙）关于本公约第五编任一其他条文之适用或解释之争端之任一当事国得向联合国秘书长提出请求，发动本公约附件所定之程序。See Vienna Convention on the Law of Treaties art. 66, opened for signature May 23, 1969, 1155 U.N.T.S. 331.

条约的保留。

第四类，涉及条约的规定与中国国内法或国家政策相冲突的保留或声明。

6.4.2.2　COTIF 中的保留规定

COTIF 第四十二条对公约的声明和保留作出规定：

§1　任何一个成员方，在任何时候，都可以声明它不能全部适用公约的某些附件。此外，只有当相关保留和声明在条款中明文规定时，才可保留并声明不适用公约本身或其附件的某些条款。

§2　有关保留和声明应向存约人提出。这些保留和声明自本公约对该国生效之时起生效。在该生效后发表的声明，应在声明发表次年的 12 月 31 日生效。存约人应将有关信息通知各成员方。

因此，COTIF 项下中国提出保留的条件根据保留的对象而有所不同：对于公约和附件中个别条款的保留需要相应在条款中明文规定允许保留，而如果保留的对象是某一附件整体，则无这一要求。

6.4.2.3　COTIF 中的具体保留

根据《国家铁路局综合司关于请就加入国际铁路运输政府间组织相关问题研提意见的函》，COTIF 是国际铁路运输政府间组织的基础，加入该组织，需接受公约（正文需接受，附件可有选择接受。可按规定对部分条款提出保留）。结合我国主权利益及缔约实践，我国应当对下列条款作出保留。

6.4.2.3.1　公约正文的保留——仲裁

我国宜对 COTIF 项下第二十八条第一款和第二款提出保留，该条内容如下：

§1　成员方之间因对公约解读或适用而产生的纠纷，以及成员方与本组织之间因对“特权和豁免权”议定书解读或适用而产生的纠纷，可以在一个当事方的要求下，提交至一个仲裁法庭。当事方自由决定仲裁法庭的构成和仲裁程序。

§2　因对本公约或对本组织根据第二条 §2 制定的其他公约的解读或适用而产生的其他纠纷，如果没有能够友好地解决，或没有提交到普通法院或法庭进行裁决，可在当事各方同意的情况下提交到一个仲裁法庭。第二十九条至第三十二条适用于仲裁法庭的构成和仲裁程序。

6.4.2.3.1.1　对仲裁条款提出保留的理由

第一，我国缔约实践中一贯主张协商谈判解决纠纷，一般不接受仲裁，且 COTIF 第二十八条第三款允许对仲裁条款作出保留，我国宜对第二十八条第一款和第二款作出保留。

第二，在《铁组公约》的缔约过程中，我国提出，铁组六十年实践证明，该组织有能力通过协商解决内部争议，不需要借助外部司法裁决，并据此对《铁组公约》第四十四条第一款最后一句“争议的任何一方可以在部长会议作出决议后的 180 天内，将争议上诉至国际法院”。同时删除第六十三条第一款第一项中的“，且该项决议未上诉至国际法院”以及第二项。并提出，如会上无法就删除上述内容达成一致，则提出在第四十四条中新增一款，规定：任一缔约方在签署、批准或加入本公约时，可对本条第一款有关争议可上诉至国际法院的规定作出保留。虽然《铁组公约》的缔约实践是对国际法庭作为争端解决手段的排斥，但中国对于仲裁和国际法庭实际上持相近立场和态度，由此可进一步证明，中国一贯强调协商解决国际问题，对于将争端诉诸仲裁的国际法条款无法完全地给予信任。一方面这与国际争端的政治性不无关系，也同时说明仲裁在争端解决中不能完全实现公正，可能损害国家的公共利益，在仲裁庭的仲裁员选定、背景、偏向等方面也仍然存在诟病之处。不仅如此，为保证 COTIF 与《铁组公约》在争端解决立场上的一致性和连贯性，也应当对仲裁条款给予保留。

第三，协商谈判较之于仲裁在解决国际争端方面具有理论和现实上的优势。国际争端的主体主要是国家，国家之间不存在一个超越国家的权力机关或裁判者来制定法律和解决争端，因此国际争端的解决主要取决于有关争端当事国的诚意、努力、同意和第三方的协助；国际争端产生的原因相对比较复杂，既可能有政治因素，也可能有法律因素，还可能有事实因素和历史原因；国际争端的解决受到国际关系力量对比的制约，同样性质的争端在不同的情况下，解决的办法和结果可能各不相同。解决国际争端的方法和程序是随着历史的发展而发展和变化的。

国际争端解决有多种方式，现今国际法所允许的和平争端解决方法，是指以武力以外的手段或方法解决国际争端，即用政治的方法和法律的方法来解决国际争端，主要包括谈判、协商、调查、斡旋、调解、和解等方法；法律方法是指仲裁和司法解决争端的方法。问题在于，法律方法追求裁定、裁决的强制性，需要主权国家让渡部分主权，放弃“绝对主权”的立场，放弃主权国家的豁免权利，将主权观转变为“相对主权”的立场，而对依据国际法所作出的裁决、裁定的执行极有可能不利于国际利益。正是基于这样的原因，不少持“绝对主权”立场的国家并不希望放弃国家豁免权，在多数场合更希望以非司法的方式解决国际争端，这也是为何《铁组公约》许多缔约方并不支持“将争端提交国际法院”的原因。当然，随着国际经济合作的加强，国际贸易中的大量争端已经突破“绝对主权”的桎梏，这对于周期长、执行难的国际经济争端而言是件好事，但在只要稍许牵涉政治的争端中，法律方法尤其是司法方法依然很难适用。

具体到 COTIF，对仲裁条款的保留也有如下考量：

首先，COTIF 旨在建立国际铁路运输政府间组织，其涉政治性较强，在公约中保留“主权”自主性对于中国等国家而言意义重大，正如赫德利布尔（Hedley Bull）指出的：“西方自由国际主义者如此频繁地注意并予指责的第三世界各国人民的‘国家主义’，植根于他们自己的痛苦经历，即没有国家就一无所能。”从这个角度来看，中国不仅自己有维护“主权”的需要，同样也在是为其他重视“主权”的缔约方发声；

其次，国际层面“协商”解决争端的优势在于国家无须顾虑承担责任的问题，协商不成也不至于导致情形弱化，倘若解决问题则更佳，不仅能在表面解决问题，亦可解当事国心结，如果双方诚心协商，发力得当，“协商”便能发挥最大程度的作用；而司法解决争端很多时候治标不治本，赋予仲裁庭或仲裁员解决国家公共利益的权威和能力于公信力上有所不足，其裁决在多数情形下无法令当事国心悦诚服，甚至可能损害一国的公共利益。

6.4.2.3.1.2　仲裁条款保留的效果

根据上述分析，中国对第二十八条第一、二款提出保留，其后果将导致这两款内容对中国不予适用，但除此之外，保留的后果不仅仅涉及前述特定条款，由于第五部分均为公约对仲裁事项的规定，因此同样需要对第二十九条至第三十二条保留后的效力进行分析。

根据《维也纳条约法公约》第三十一条解释之通则[①]：

一、条约应依其用语按其上下文并参照条约之目的及宗旨所具有之通常意义，善意解释之。

二、就解释条约而言，上下文除指连同弁言及附件在内之约文外，并应包括：

（a）全体当事国间因缔结条约所订与条约有关之任何协定；

（b）一个以上当事国因缔结条约所订并经其他当事国接受为条约有关文书之任何文书。

三、应与上下文一并考虑者尚有：

（a）当事国嗣后所订关于条约之解释或其规定之适用之任何协定；

（b）嗣后在条约适用方面确定各当事国对条约解释之协定之任何惯例；

（c）适用于当事国间关系之任何有关国际法规则。

① Vienna Convention on the Law of Treaties art. 31, *opened for signature* May 23, 1969, 1155 U.N.T.S. 331.

四、倘经确定当事国有此原意，条约用语应使其具有特殊意义。

第三十二条　解释之补充资料

为证实由适用第三十一条所得之意义起见，或遇依第三十一条作解释而：

（a）意义仍属不明或难解；或

（b）所获结果显属荒谬或不合理时，为确定其意义起见，得使用解释之补充资料，包括条约之准备工作及缔约之情况在内。

因此，虽然中国对第二十八条第一、二款进行了保留，但第二十九条至第三十二条并不当然无效。中国对仲裁条款的保留并不意味着排斥一切争端解决中仲裁的适用，若当事方自愿选择仲裁作为争端解决的方式，则此时第二十九条至第三十二条内容仍会得到适用。

6.4.2.3.2　COTIF公约附件的保留

《〈国际铁路运输政府间组织〉（OTIF）的特权和豁免权议定书》（以下简称《特权豁免议定书》）第九条本组织人员的特权和豁免权d款规定：

本组织人员在履行职责时，在各成员方境内享受以下特权和豁免权

……

（d）免于征收国家所得税，为了本组织的利益而对由本组织支付的待遇、工资和其他财产征收内部税除外；然而各成员方可能会将这些待遇、工资和财产考虑在内，以便估算从其他渠道获得的收入所应缴纳的税金；对于由本组织支付给其前员工或其继

承人的补贴、退休金和遗嘱抚恤金，各成员方不必一定采用这种免税方法；

而根据《特权豁免议定书》第十一条赋予特权和豁免权的目的：

§1　本协议所提到的特权和豁免权，纯粹是为了保证本组织在任何情况下的顺畅运行以及被赋予这些权利的人的完全独立性而制定的。若保留某个豁免权会妨碍司法行为，并且取消该豁免权不会影响原来赋予它的目的的实现的话，主管机关应全面取消该豁免权。

§2　负责保证 §1 所述目的的主管机关包括：

a）各成员方，对于他们的代表而言；

b）管理委员会，对于秘书长而言；

c）秘书长，对于本组织其他人员和本组织请来的专家而言。

参照以往给予国际组织雇员个人所得税豁免待遇的范围，个人所得税豁免一般限于政府间组织雇员中具有外交身份的外国人员从该组织取得的薪酬所得，不适用于中国公民、国民以及不具有外交人员身份的外籍职员。

另外，由于第九条 d 款中，国家所得税（national income tax）、内部税（internal tax）的具体含义不明，[①] 如果我国加入 COTIF，则该豁免的模糊性可能会影响到我国的税收管理与税收主权，进而妨碍司法行为。因此为避免歧义，保持国际规则的一致性，我国负责保证第十一条第一款所述目的的主管机关，有权

① 参见《国家税务总局办公厅关于回复〈国际铁路运输公约〉意见的函》。

在接受公约时对相关条款提出保留意见，限制并确认豁免的范围。建议保留条款表述为：

“虽有《国际铁路运输政府间组织特权或豁免权议定书》第九条 d 款以及第十三条 b 款规定，国际铁路运输政府间组织职员从国际铁路运输政府间组织取得的工资薪金和报酬，可以在中国免征个人所得税，但适用该项免税待遇的国际铁路运输政府间组织职员不包括中国公民、国民以及不具有外交人员身份的外籍职员。”

根据 COTIF 第十条：

§1　两个或两个以上成员方，或两个或两个以上承运人之间可以就执行《国际铁路客运合同统一规则》（以下简称 CIV）和《国际铁路货运合同统一规则》（以下简称 CIM）商定补充条款，但不能违背这些统一规则。

§2　§1 提到的补充条款应以各自国家法律和规定要求的方式生效和发布。各国应将其补充条款及其生效情况通知本组织秘书长。秘书长将这些信息通知其他成员方。

此外，根据上文第一部分中对 COTIF 第三条的分析可知，中国可以与加入《铁组公约》的成员方就 CIV 和 CIM 商定补充条款，但不得违背 COTIF 这一统一规则。各成员方原则上承诺，将铁路领域国际合作集中在本组织框架内，以便与第二条（OTIF 的宗旨）和第四条（职能的接受和转让）赋予 OTIF 的任务保持一致。为达到该目的，各成员方应采取一切必要和有效措施，对其参与签署的现行国际多边公约和协议进行适应性修改，使其涵盖铁路领域国际合作，并赋予与 OTIF 任务相交叉的其他政府间组织或非政府组织相应权限。据此，中国不可和已经加入《铁组公约》的国家签订双边协议，自主决定采用不同的国际铁路公约的条款，而是应当对《铁组公约》作出适应性修改，或就不符点对 COTIF 作出相应保留，以实现这两个国际铁路公约的统筹和协调。

6.5 《国际铁路直通联运公约》与中国国内法律的适用关系

通观《国际铁路直通联运公约》全文，其并未提到成员方如何适用《国际铁路直通联运公约》和国内法律的问题。在《铁组公约》第七十一条，公约提出，本公约不触及任一铁组成员因加入其他国际协定所产生的权利和义务，在不损害本公约促进、完善和简化国际铁路联运的目的和宗旨，且不损害在与其他铁组成员方相互关系中全面适用本公约的情况下，作为区域经济一体化组织成员的铁组成员，相互之间适用区域经济一体化组织的规定，不适用由本公约产生的规定，但区域经济一体化组织未对某一具体问题作出规定的情况除外。可见，公约仅对如何适用《国际铁路直通联运公约》与成员方签署的其他国际公约的适用关系作出了规定。同时，在《国际联运货物运输合同一般规定》和《国际联运旅客运输合同一般规定》中，均提到直接或间接背离本一般规定条件的运送合同的任何条件，均为无效，并没有法律效力，但本一般规定做出保留声明的情况除外。这些条件的无效并不导致运送合同其他条件的无效。这一规定赋予了《国际铁路直通联运公约》适用时的强制性效力，虽然这一效力因上述对成员方签署的其他国际公约的让步而有所减弱，但由于公约的让步并不包括国内法，而且考虑到国际条约在一国国内适用时的最高效力，因此可以得出，《国际铁路直通联运公约》在适用时与国内法相比具有更高的效力，应当得到优先适用。与《国际铁路直通联运公约》适用时可能出现的国内立法主要体现在《中华人民共和国铁路法》(以下简称《铁路法》)中。

在《国际铁路直通联运公约》与《铁路法》的适用方面，从《铁路法》第一章的内容就可以明显看出来，《铁路法》以促进铁路领域的交通运输发展为宗旨，其内容多为原则性的规定。《铁路法》规定，为了保障铁路运输和铁路建设的顺利进行，适应社会主义现代化建设和人民生活的需要，制定本法(《铁路法》)。《铁路法》所称铁路，包括国家铁路、地方铁路、专用铁路和铁路专用线。国家铁路是指由国务院铁路主管部门管理的铁路。地方铁路是指由地方人民政府管理的铁路。专用铁路是指由企业或者其他单位管理，专为本企业或者本单位内部提供运输服务的铁路。铁路专用线是指由企业或者其他单位管理的与国家铁路或者其他铁路线路接轨的岔线。《国际铁路直通联运公约》并未对铁路的种类作出上述分类，笔者认为，中国国内的上述三种铁路在从事国际联运货物或旅客运输时，无论其属于何种铁路，均受《国际铁路直通联运公约》调整。《铁路法》中还规定，国务院铁路主管部门主管全国铁路工作，对国家铁路实行高度集中、统一指挥的运输管理体制，对地方铁路、专用铁路和铁路专用线进行指导、协调、监督和帮助。国家铁路运输企业行使法律、行政法规授予的行政管理职能。虽然《铁路法》规定的是负责国内铁路工作的主管部门，但是根据中国并未专门设立主管国际铁路联运事务的部门的实践，而且根据铁路合作组织的历史沿革可以得知，早期的洲际铁路直通联运事务主要由各国的铁路部门的部长负责，由此可知，负责中国在国际铁路直通联运事务中的主管部门也为国务院铁路主管部门。

《铁路法》对中国铁路的发展规定了许多原则性的内容，《铁路法》规定，国家重点发展国家铁路，大力扶持地方铁路的发展。铁路运输企业必须坚持社会主义经营方向和为人民服务的宗旨，改善经营管理，切实改进路风，提高运输服务质量。公民有爱护铁路设施的义务。禁止任何人破坏铁路设施，扰乱铁路运输的正常秩序。铁路沿线各级地方人民政府应当协助铁路运输企业保证铁路运输安全畅通，车站、列车秩序良好，铁路设施完好和铁路建设顺利进行。国家铁路的技术管理规程，由国务院铁路主管部门制定，地方铁路、专用铁路的技术管理办法，参照国家铁路的技术管理规程制定。国家鼓励铁路科学技术研究，提高铁路科学技术水平。对在铁路科学技术研究中有显著成绩的单位和个人给予奖励。由上述规定可以看出，《铁路法》对中国铁路的发展，铁路运输企业在铁路运输中的地位和作用，公民的义务，铁路沿线各级地方人民政府的责任等方面均为原则性、宣言性的规定。笔者认为，由于《国际铁路直通联运公约》适用的优先性，公约在相关领域的规定得以优先适用。因此国内的铁路运输，若涉及国际铁路直通联运领域，则应当满足《国际铁路直通联运公约》对相关各方法律主体的权利义务要求。例如，在《国际联旅客运输合同一般规定》中，基本概念部分对活动受限人士所作的描述为具有长期或暂时的身体、心理、智力或感官缺陷，在遇到不同障碍的情况下，不能完全或有效地与其他旅客享受同等的运输服务，或因年龄使其活动受到限制的人员；在公约第十一条专门对活动受限人士的运送作出规定：根据活动受限人士的请求，承运人提供关于能够完成乘车以及进入铁路车站、旅客站台和车辆的服务信息。承运人或其委托人应在有能力的情况下保障活动受限人士进入铁路车站、客运站台和车辆。这些服务不收取额外费用。承运人在非歧视性的条件下应向活动受限人士提供预订和出售乘车票据方面的服务。活动受限人士在进入铁路车站、客运站台和车辆时需要帮助，应在乘车前不少于48小时的期限内将自己完成乘车的意愿告知承运人。在没有遵守该条时，承运人采取一切可行措施组织活动受限乘客的运输。由承运人或其授权人员确定一些方法，活动受限人士可通过这些方法告知其已抵达发送站并要求提供服务。提供帮助需满足下列条件，即活动受限人士应在列车出发前60分钟内抵达按承运人或其授权提供帮助的人员规定的地点。活动受限人士有权利随行运送携带品标准规定之外的辅助其行动的必要设备。同时，在旅客随身携带或以携带品形式携带的物品灭失、损毁的责任制度中，公约也将活动受限人士的设备列入了携带品的范围中。除此之外，在公约附件四《国际联运铁路基础设施一般规定》中也特别规定了，铁路客运站、车站和乘车站台的设备及建筑物，应保证向那些在身体、精神、心理、智力或感官方面存在慢性缺陷的人士提供服务，因为这些缺陷可能会对其完全同他人一样平等地参与社会生活造成困难。因此，在国内的铁路运输涉及洲际铁路联运的情况下，铁路的基础设施管理者、承运人等相关主体应当根据公约的要求，对身体、精神、心理、智力或感官方面存在缺陷的人士提供特别的服务以使其能够平等地享受国际铁路联运的服务。

在具体制度方面，总的来说，《铁路法》的规定不如《国际铁路直通联运公约》规定的具体。《铁路法》规定铁路运输企业应当保证旅客和货物运输的安全，做到列车正点到达。在《铁路法》项下，铁路运输企业的义务包括两种：安全运送旅客或货物，以及保证列车正点到达。从文本来看，《铁路法》将保证列车正点到达置于相对重要的位置，而《国际铁路直通联运公约》中虽然也规定了列车晚点时的责任赔偿制度，但是并未将保证列车正点到达置于与货物及旅客送到义务同样重要的地位之上。笔者认为，这是由于在国际铁路运输之中，由于其旅途距离长、影响因素多、旅客及货物运输发生晚点的概率相对较高，要求承运人保证列车正点达到从实践上讲是不现实的。

《铁路法》同时也对运输合同的意义作出了规定，《铁路法》第十一条提出，铁路运输合同是明确铁路运输企业与旅客、托运人之间权利义务关系的协议。旅客车票、行李票、包裹票和货物运单是合同或者合同的组成部分。铁路运输合同是承运人与旅客、托运人之间的权利义务凭证还体现在铁路运输企业应当保证旅客按车票载明的日期、车次乘车，并到达目的站。因铁路运输企业的责任造成旅客不能按车票载明的日期、车次乘车的，铁路运输企业应当按照旅客的要求，退还全部票款或者安排改乘到达相同目的站的其他列车。同时，《铁路法》还规定，旅客乘车应当持有效车票。对无票乘车或者持失效车票乘车的，应当补收票款，并按照规定加收票款；拒不交付的，铁路运输企业可以责令其下车。《铁路法》虽然对铁路运输合同的意义有所规定，但其内容远不及《国际铁路直通联运公约》规定的具体。根据《国际铁路直通联运公约》，乘车票据和运送票据的重要性主要体现在国际联运旅客运输中，在《国际联运旅客运输合同一般规定》的术语界定中，乘车票据是指确认缔结旅客运输合同的文件；运送票据是指确认缔结行李运送合同的文件。根据这一规定第四条，运输合同应以一份或几份乘车或运送票据作为凭证。由此可见，乘车票据和运送票据具有证明运输合同的意义。在乘车票据的格式要求方面，公约援引了《国际联运旅客和行李运送规则》(以下简称运送规则)规定乘车票据的格式、内容以及所使用的语文。乘车票据以纸质或电子文件的形式办理，并具有同等法律效力。在乘车票据中应注明下列内容：

(1)一个或多个承运人；

(2)发站和到站的名称；

(3)关于根据本一般规定办理运送的说明；

(4)席位数；

(5)乘车票价；

（6）缔结运输合同的日期；

（7）乘车票据的有效期。

除上述所列事项外，乘车票据上还可载入运送规则中规定的其他内容。乘车票据表格的格式和填写办法，由运送规则确定。旅客在领取乘车票据时，应检查乘车票据中所载内容的正确性。乘车票据的有效期和效力由运送规则规定。旅行途中乘车票据的存放和检查办法由运送规则规定。凭电子乘车票据办理旅客运送的办法由运送规则规定。

类似地，运送票据在运送票据中应注明下列内容：

（1）一个或多个承运人；

（2）发站和到站的名称；

（3）关于根据本一般规定办理运送的说明；

（4）行李的重量；

（5）件数；

（6）运费；

（7）缔结运输合同的日期；

（8）关于发送人和领收人的资料。

除上述所列内容外，运送票据上还可载入运送规则中规定的其他内容。运送票据的格式和填写办法，以及所使用的语文由运送规则确定。发送人在领取运送票据时，应检查运送票据中所载信息的正确性。

乘车票据和运送票据在国际联运旅客运输中具有证明合同关系以主张根据运输合同享有的权利、确定旅客运输合同的标的额、费用、赔偿请求，诉讼时效等多项意义。

根据《国际联运旅客运输合同一般规定》第七条的规定，旅客乘车的权利，应以有效乘车票据作为凭证。对没有乘车票据或凭无效乘车票据乘车的人员，在列车上有空闲席位时，其支付乘车票价和罚款之后，依本一般规定第二十八条第二项向其提供继续乘车的权利，即乘车时未出示乘车票据的旅客，应支付给承运人乘车费和在发现该次乘车的国家境内已乘坐里程的罚金。支付乘车费和罚金的办法，根据在其境内发现未提出乘车票据的旅客所在国的国内法规确定。附件二的第八条同样规定，如由于承运人原因，不能给旅客提供乘车票据上注明的席位，旅客可拒绝乘车。在承运人能提供空闲席位且旅客根据所适用的运价规程补交票价差额后，旅客可换乘比乘车票据中所载等级或种类更高的席位或车厢。在乘车票据的有效期间内，旅客可在列车停站中途下车。第十一条规定，承运人在非歧视性的条件下应向活动受限人士提供预订和出售乘车票据方面的服务。第十三条规定，就行李的运送，行李承运仅在提出乘车票据以后进行。承运人应通过乘车票据和运送票据中注明的国境站发送行李。行李仅在运送票据上注明的到站交付。交付行李时，领收人应对由于发货人未遵守运送条件而使承运人产生的全部额外费用进行赔偿。第十六条规定，在发售乘车票据、行李票时，核收由发站至到站的全程运送费用。除运送费用外，可向旅客或发送人核收乘车票据办理国国内法律规定的附加费和杂费。甚至根据第十七条规定，承运人在乘车票据丢失、在乘车票据中没有相应记载或没有运送某一参加方的相应证明的情况下，不退还运送费用，除此之外，在国际联运旅客运输合同的权利人权利救济中，根据第二十二条的规定，就列车或直通车厢晚点或停运的情况下的损失赔偿，当旅客乘车距离小于或等于3499公里，晚点60—119分钟（包括119分钟）时，为乘车票据价格的25%；晚点120分钟及以上时，为乘车票据价格的50%；当旅客乘车距离自3500公里起及以上时：晚点300—599分钟（包括599分钟）时，为乘车票据价格的25%；当晚点600分钟及以上时，为乘车票据价格的50%。若一张票中办理“往返”乘车，对于列车或直通车厢在其中一个方向上晚点的赔偿费，按照乘车票据价格的一半计算。同时，未出示乘车票据还将使旅客面临缴纳罚金的境况，根据第二十八条规定，乘车时未出示乘车票据的旅客，应支付给承运人乘车费和在发现该次乘车的国家境内已乘坐里程的罚金。支付乘车费和罚金的办法，根据在其境内发现未提出乘车票据的旅客所在国的国内法规确定。在请求赔偿时，公约规定，赔偿请求应以书面形式提出，并附上相应依据和赔偿款额，并以乘车票据为依据的旅客运送赔偿请求应合同承运人提出。乘车票据还作为运输合同的赔偿时效的起算凭证，公约规定，退还运费的请求，自交付乘车票据、行李票之日起计算。

比较可知，《国际铁路直通联运公约》不仅对乘车票据的内容进行了规定，还对如何根据乘车票据上的记载来主张权利也进行了切实具体有效的规定。笔者认为，《铁路法》与《国际铁路直通联运公约》在这一问题上的区别主要是因为，在国际铁路直通联运运输中，由于其标的额一般较大，涉及的当事人的货物款项及可能的赔偿数额较大，因此需要对作为权利义务凭证的乘车票据作出更为严格的要求。而中国国内的铁路交通运输在世界范围内均属领先，事故发生的概率较低，而且当事人寻求司法救济也更为便利和便捷，因此《铁路法》赋予了国内铁路交通运输更为灵活的乘车票据要求。而对于这一不同在实践中中国应当如何适用《铁路法》与《国际铁路直通联运公约》呢？笔者认为，对于涉及国际铁路直通联运的铁路运输，应当优先适用《国际铁路直通联运公约》中更为严格的规定，对乘车票据的形式和内容作出更高的要求。

在货物运输领域，《铁路法》较《国际铁路直通联运公约》有一独特的规定，《铁路法》第十五条提出，国家铁路和地方铁路根据发展生产、搞活流通的原则，安排货物运输计划。对抢险救灾物资和国家规定需要优先运输的其他物资，应予优先运输。地方铁路运输的物资需要经由国家铁路运输的，其运输计划应当纳入国家铁路的运输计划。而《国际铁路直通联运公约》中并无相关的内容。笔者认为，国家铁路属于一国的基础设施建设，就中国的国情来看，国家铁路是由政府掌管的重要交通运输领域。并且根据社会主义市场经济的本质属性，中国政府当然拥有对国家铁路和地方铁路进行管理的权利和职能。对于抢险救灾物资与国家规定需要优先运输的物资，由于其性质和内容的特殊性和优先性，在政府的特别安排下，予以先行运输并无不当之处。但是有可能因此造成相关合同当事方在《国际铁路直通联运公约》项下合同违约的情况。针对这一情况，《铁路法》或《国际铁路直通联运公约》均为作出规定。笔者认为，对于中国这一拥有大量铁路运输资源的国家来说，即使优先运输抢险救灾物资和其他需要优先运输的物资，也并不一定会导致承运人等相关合同当事人的违约。但如若违约的情况真实发生，则笔者认为，承运人可以援引情势变更或不可抗力作为抗辩事由，就中国来说，应当尽量避免违约情况的产生以更好地履行公约项下的义务。

在承运人责任赔偿，包括逾期运到的情况下，《铁路法》第十六条规定，铁路运输企业应当按照合同约定的期限或者国务院铁路主管部门规定的期限，将货物、包裹、行李运到目的站；逾期运到的，铁路运输企业应当支付违约金。铁路运输企业逾期三十日仍未将货物、包裹、行李交付收货人或者旅客的，托运人、收货人或者旅客有权按货物、包裹、行李灭失向铁路运输企业要求赔偿。这一规定远没有《国际铁路直通联运公约》规定的详细和具体，第十七条提出，铁路运输企业应当对承运的货物、包裹、行李自接受承运时起到交付时止发生的灭失、短少、变质、污染或者损坏，承担赔偿责任：

（1）托运人或者旅客根据自愿申请办理保价运输的，按照实际损失赔偿，但最高不超过保价额。

（2）未按保价运输承运的，按照实际损失赔偿，但最高不超过国务院铁路主管部门规定的赔偿限额；如果损失是由于铁路运输企业的故意或者重大过失造成的，不适用赔偿限额的规定，按照实际损失赔偿。托运人或者旅客根据自愿可以向保险公司办理货物运输保险，保险公司按照保险合同的约定承担赔偿责任。托运人或者旅客根据自愿，可以办理保价运输，也可以办理货物运输保险；还可以既不办理保价运输，也不办理货物运输保险。不得以任何方式强迫办理保价运输或者货物运输保险。另外，《铁路法》规定了如下的免责事项，由于下列原因造成的货物、包裹、行李损失的，铁路运输企业不承担赔偿责任：不可抗力、货物或者包裹、行李中的物品本身的自然属性，或者合理损耗、托运人、收货人或者旅客的过错。

相较而言，《国际铁路直通联运公约》的规定更为具体，对于逾期送到的情况，公约规定，在返还因货物运到逾期赔款时，如货物运到逾期属数个承运人的过错所导致，则应按运送全程的总逾期日数，确定计算赔款的百分比，并按造成逾期的每一承运人所收的运费计算。如赔偿业经司法机关判决，并且受理返还赔偿要求的承运人事先已经得知司法机关的审理，则受理已付赔款返还要求的承运人，对于提出返还要求的承运人所付的赔款是否正确，无权争辩。关于返还按赔偿请求已付的赔偿款额的要求，应自根据赔偿请求实际支付应付款额之日起，在 75 天以内提出。司法机关已判决的赔偿要求，应在自该判决生效之日起的 75 天以内提出。《国际联运货物运输合同一般规定》中对多式联运中承运人责任的分担制度的规定具有较高的可行性，公约秉持着过错责任的基本原则，即承运人对其造成的损失负责，但对于不能证明损失是某个或数个承运人造成的情况，承运人首先商定责任的分担办法，在承运人不能商定的情况下，根据承运人运送时的行经运价公里比例分担，这一规定在实践中兼顾了承运人的运送距离、运费、在多式联运中的作用等多个因素，笔者认为，虽然不能保证结果的绝对公正，但是在一定程度上降低了承运人之间运费分担的严重失衡的情况出现。同时，公约还对逾期送到的赔偿分配也进行了规定，公约规定，按照运送全程的总逾期日数，确定计算赔款的百分比，并按造成逾期的每一承运人所收的运费计算。这一规定为运送逾期情况下承运人的赔偿款项计算方法提供了思路，笔者认为除了在国际铁路直通联运领域的优先适用之外，中国可以考虑将其纳入国内铁路运输的立法体系当中。

结 论

《国际铁路直通联运公约》作为从规范铁组组织架构，到规范国际货运、客运、基础设施建设、机车车辆使用中法律关系的全方位的国际铁路联运公约，在半个世纪的实施过程中，发挥了卓越的效能，为国际铁路联运的蓬勃发展作出了令人瞩目的贡献，公约的性质和特征，关于基本原则，各项权利义务关系及法律制度的规定均体现了国际联运实践中的需要，并反映了各方利益的需求。对《国际铁路直通联运公约》展开分析需要结合国际联运的特征以及国际联运参加方的特征进行考量。其中部分条款虽然仍然有完善的空间，但不可否认的是，在目前的铁组成员的经济及国情的背景下，公约对协调各国联运利益，促进洲际铁路联运发展仍然发挥着重要的作用。

根据《国际铁路直通联运公约》建立的铁路合作组织在组织形式上与公司具有极高的相似性，《铁组公约》对其组织结构、权力分配、运行程序均进行了具体明确的规定，对铁路合作组织的运行模式进行结构性和实质性的研究有助于中国在铁路合作组织中发挥更大的作用，促进各国在铁路交通运输领域的合作和发展。

《国际铁路直通联运公约》作为一个全面、多层次的交通领域运输公约，其调整范围涉及国际铁路联运货物、旅客运输，基础设施建设，机车车辆要求与使用等多个方面的问题，调整多种权利义务关系，其相较于早期的交通领域运输公约，尤其是《海牙公约》和《维斯比公约》而言具有显著的进步性与特征。随着中国在国际社会中扮演着越来越重要的角色，为更好地履行公约的义务，承担起中国作为一个大国在洲际铁路联运的规则制定中应当扮演的角色，中国应当立足于本国的铁路运营与基础设施建设状况，同时兼顾《国际铁路直通联运公约》的缔约现状，使《国际铁路直通联运公约》能够进一步在国际联运领域发挥其应有的作用，促进中国国际铁路联运事业发展。

参考文献

［1］ 王勇平：《行走在亚欧大陆桥上》，中国铁道出版社 2015 年版。

［2］ 王勇：《完善我国条约保留制度研究》，法律出版社 2014 年版。

［3］ 刘铭达：《中国对外税收协定与国际税收制度大典（上）》，广西人民出版社 2006 年版。

［4］ 中华人民共和国外交部条约法律司：《中华人民共和国多边条约集（第 7 集）》，法律出版社 2002 年版。

［5］ 杨闯：《外交学》，世界知识出版社 2010 年版。

［6］ 万鄂湘：《国际条约法》，武汉大学出版社 1998 年版。

［7］ 张潇剑：《国际强行法论》，北京大学出版社 1995 年版。

［8］［英］安托尼·奥斯特：《现代条约法与实践》，江国青译，中国人民大学出版社 2005 年版。

［9］ 曾令良：《国际法》，中国方正出版社 2003 年版。

［10］ 赖彭城：《现代国际法纲要》，复旦大学出版社 1993 年版。

［11］［澳］山姆·里基森、［美］简·金斯伯格：《国际版权与邻接权：伯尔尼公约及公约以外的新发展（下）（第 2 版）》，郭寿康等译，中国人民大学出版社 2016 年版。

[12] 周洪钧、丁成耀、司平平:《国际公约与惯例》,法律出版社 1998 年版。
[13] 李浩培:《条约法概论》,法律出版社 1987 年版。
[14] 班公:《对外文书指南》,世界知识出版社 1993 年版。
[15] 丘宏达:《现代国际法基本文件》,三民书局 1984 年版。
[16] 韩德培、万鄂湘:《中华人民共和国法库·国际法卷(第 1 编)》,人民法院出版社 2002 年版。
[17] 刘铭达:《中国对外税收协定与国际税收制度大典(上)》,广西人民出版社 2006 年版。
[18] 铁道部国际合作司:《国际铁路货物联运协定(国际货协)·国际铁路货物联运协定办事细则(国际货协办事细则)》,中国铁道出版社 2009 年版。
[19] 李伯军:《对条约在国际法中的地位、缺陷与发展趋势问题的探讨》,载《时代法学》2004 年第 3 期。
[20] 赵劲松:《中国和平解决国际争端问题初探》,载《法学文摘卡》2006 年第 2 期。
[21] 王勇:《论现代条约保留的特征》,载《法学杂志》2010 年第 10 期。
[22] 杜焕芳:《国际私法条约解释的路径依赖与方法展开》,载《中国法学》2014 年第 2 期。
[23] 王勇:《论中国对条约中争端解决条款的保留及其完善对策》,载《福建江夏学院学报》2015 年第 2 期。
[24] 胡城军:《〈联合国反腐败公约〉的保留、声明和通知之述

评》，载《湖南师范大学社会科学学报》2017 年第 4 期。

[25] 何鹰：《ICCPR 及其任择议定书的保留、限制和克减》，载《社会科学研究》2005 年第 3 期。

[26] 高圣惕：《论中菲南海仲裁案的管辖权及可受理性问题》，载《中国海洋法学评论》2015 年第 1 期。

[27] 刘音：《论多边开发银行的法律解释方法：以〈关于建立国际复兴开发银行的条约〉为例》，载《云南大学学报·法学版》2010 年第 3 期。

[28] 伍俐斌：《限制国际刑事法院管辖权的美国双边豁免协定的合法性问题》，载《当代法学》2011 年第 4 期。

[29] 乔慧娟：《港澳投资者适用中外双边投资保护协定问题之探讨——以谢亚深案和世能公司案为视角》，载《河南财经政法大学学报》2017 年第 5 期。

[30] 董利娟：《“纺织品特保条款”中的“市场扰乱”概念的争论辨析》，载《研究生法学》2007 年第 1 期。

[31] 张吉喜：《公正审判权的解释理论初探》，载《甘肃政法学院学报》2009 年第 4 期。

[32] 白巴根：《“纺织品特殊保障措施条款”中的“市场扰乱”概念的解释问题》，载《太平洋学报》2006 年第 7 期。

[33] 朱炎生：《双边投资条约对 ICSID 管辖权“同意”的认定：兼评“谢业深案”仲裁庭对“同意”认定的谬误》，载《国际经济法学刊》2010 年第 3 期。

[34] 张伟君：《TPP 等区域贸易协定中 TRIPs Plus 条款对 WTO

成员的影响》，载《东方法学》2016 年第 1 期。

[35] 阎慧鸣:《论 WTO 争端解决中的条约解释》，载《法制与经济（下旬刊）》2014 年第 7 期。

[36] 辛崇阳、曹嘉嘉:《有关个人权利的条约解释方法——评日本最高法院西松建设公司案判决》，载《清华法学》2009 年第 6 期。

[37] 李浩培:《条约中的保留问题》，载《中国社会科学》1980 年第 5 期。

附　录

涉外铁路运输调研报告

一、调研背景

随着中国国际贸易的蓬勃增长，铁路运输技术的飞速提升，铁路运输在中国国际运输、国际贸易乃至中国涉外经济的发展中扮演着越来越重要的角色。同时，由于铁路运输的发展需要一国基础设施的配套建设，铁路跨国联运时需要其他国家的配合，为促进跨国铁路运输的发展，国家间的铁路运输公约是必不可少的。自新中国成立以来，中国共参与、签署了涉外铁路运输公约 53 个，包括双边公约 34 个，多边公约 19 个，时间跨度从 1952 年 9 月 15 日至 2015 年 11 月 14 日，公约内容涵盖交通运输、经济、边界海洋、领事、科技和知识产权、通信和政治 6 个方面。① 本调研报告旨在通过对上述条约中交通运输领域的条约进行分析及归纳，全面了解当前中国签署的涉外铁路运输公约的情况，明确中国在

① 参见：http://treaty.mfa.gov.cn/Treaty/web/list.jsp?n PageIndex_=1 & keywords=% E9% 93% 81% E8% B7% AF & chnltype_c=all，最后访问日期：2019 年 4 月 13 日。

加入及签署涉外铁路运输公约时的立场及态度，做好与国内铁路交通运输发展的衔接，并为未来中国签署和加入涉外铁路运输公约服务。

二、调研对象

本调研报告的主要研究对象为中华人民共和国外交部官方网站上公布的与涉外铁路运输有关的国际公约，在中华人民共和国外交部条约数据库中检索关键字“铁路”，检索结果共53个。其中有两份公约因缺少中文译本而无法进行研究［《中华人民共和国政府和俄罗斯联邦政府关于共同建设、使用、管理和维护中华人民共和国黑龙江省同江市—俄罗斯联邦犹太自治州下列宁斯阔居民点区域内黑龙江（阿穆尔河）铁路界河桥的协定》《中华人民共和国政府和哈萨克斯坦共和国政府关于两国铁路工作人员入出中哈国境简化手续的协议》]，除此之外共计51个涉外铁路运输公约。在外交部公布的53个公约中，《国际铁路直通联运公约》并未包含其中，但事实上《国际铁路直通联运公约》是中国加入并生效的公约，因此此次调研中该公约也在研究范围之内。

上述52个国际公约中，本调研报告主要针对交通运输领域的33个公约及《国际铁路直通联运公约》的全文进行分析。需要指出的是，在中国铁路涉外运输中，根据《中华人民共和国铁路法》第三十条的规定，国家铁路、地方铁路参加国际联运，必须经国务院批准。本调研报告仅涉及截至2019年4月13日时中国外交部官方网站上条约数据库中的所有涉外铁路运输条约，未公开发布的涉外铁路运输条约、上述时间之后上传的涉外铁路运输公约、涉外铁路运输公约在国内的实际履行情况均不在本次调研的研究范围之内。

三、调研方法

本调研报告主要采用规范分析法加以完成。规范分析法是指对条约文本内容进行规范性分析，包括价值分析、规范分析、制度事实等方面。[①] 本调研报告着眼于条约的文本内容，对 34 个公约的内容进行分析和归纳、总结，探究其文本背后的价值取向和现实意义，从客观的角度分析中国涉外铁路运输条约的现状。

四、调研结果

根据中国外交部条约数据库中公布的数据，截至 2019 年 4 月 13 日，中国已经加入的交通运输领域的涉外铁路运输公约共计 33 个（不含《国际铁路直通联运公约》)，依条约内容的特点，主要可以分为中坦赞模式、中俄（苏联）模式、中越模式及多边联合条约模式。

① 谢晖:《论规范分析方法》，载《中国法学》2009 年第 2 期。

（一）中坦赞模式

中国与坦桑尼亚、赞比亚之间签订的铁路运输条约共计12个，具体情况如下表所示。

表1 中、坦、赞之间签订的铁路运输条约

序号	条约名称	类型	领域	中国签署时间	条约生效时间
1	中华人民共和国政府和坦桑尼亚联合共和国政府、赞比亚共和国政府关于修建坦桑尼亚—赞比亚铁路的协定	双边	交通运输	1967.09.05	1967.09.05
2	中华人民共和国政府和赞比亚共和国政府、坦桑尼亚联合共和国政府关于为坦赞铁路培训技术人员的议定书	多边	交通运输	1986.08.14	
3	中华人民共和国政府和赞比亚共和国政府、坦桑尼亚联合共和国政府关于坦赞铁路第五期技术合作的议定书	多边	交通运输	1986.08.14	
4	中华人民共和国、坦桑尼亚联合共和国和赞比亚共和国三国政府关于坦赞铁路第三期技术合作会谈纪要	多边	交通运输	1980.08.29	
5	中华人民共和国政府和坦桑尼亚联合共和国政府、赞比亚共和国政府关于坦赞铁路训练学校技术合作的议定书	多边	交通运输	1980.08.29	
6	中华人民共和国政府和坦桑尼亚联合共和国政府、赞比亚共和国政府关于坦赞铁路第三期技术合作的议定书	多边	交通运输	1980.08.29	
7	中华人民共和国政府和坦桑尼亚联合共和国政府、赞比亚共和国政府关于坦赞铁路技术合作的议定书	多边	交通运输	1976.07.08	1976.07.08

续表

序号	条约名称	类型	领域	中国签署时间	条约生效时间
8	坦赞铁路第八次会谈纪要	多边	交通运输	1976.07.08	1976.07.08
9	中国和坦桑尼亚、赞比亚关于修建一般货物仓库及其铁路专用线的议定书	多边	交通运输	1975.09.18	1975.09.18
10	中国和坦桑尼亚、赞比亚关于姆绍勒瓦至基达杜十七公里铁路联络线、康哥洛石场、姆奴加石场和坦赞铁路局线路大修基建队设备问题的议定书	多边	交通运输	1975.09.18	1975.09.18
11	关于修复坦赞铁路谦比西河大桥的议定书	多边	交通运输	1979.12.24	1979.12.24
12	中、坦、赞三国关于修建铁路专用线的议定书	多边	交通运输	1976.07.08	1976.07.08

上述中国与坦桑尼亚、赞比亚之间的条约虽然在外交部的网站上将其划分至“交通运输”类，但其涉及的核心事项为20世纪70至90年代中国援助坦桑尼亚、赞比亚修建铁路线路工程的安排，而并未涉及国际铁路运输的情况。从上述公约的覆盖范围来看，已经发布的公约并未全面覆盖这一项目的详细情况，如仅有坦赞会议的第八次会议纪要而并无其他会议记录。从上述条约的内容来看，坦赞铁路的工程安排中中国本着友好互助的原则，对坦桑尼亚和赞比亚方面施加了卓越的物质与技术帮助，具体表现如下。

首先，中国向坦赞铁路的工程项目投入了大量的财政拨款，根据《中华人民共和国、坦桑尼亚联合共和国和赞比亚共和国三国政府关于坦赞铁路第三期技术合作会谈纪要》的规定，中国政府同意，在中、坦两国政府于1974年3月29日签订的经济技术合作协定规定的贷款项下和在中赞两国政府于1974年2月24日签订的经济技术合作协定的贷款项下，各支付人民币一千万元，用于坦赞铁路局向中国成套设备出口公司采购急需的零配件。①同时，中国政府还将同坦桑尼亚政府、赞比亚政府于1979年8月31日签订的机车贷款协定的还款期推迟二年。②类似的规定还体现在其他的中国与坦赞的条约安排中，如无息贷款③、不再补收因物价上涨、通货膨胀等造成的工程款项增加的费用④等。

其次，中国还分批次地派驻了大量的专家与技术工人前往坦赞两国帮助建造坦赞铁路。例如，根据《中华人民共和国政府和坦桑尼亚联合共和国政府、赞比亚共和国政府关于坦赞记录技术

① 《中华人民共和国、坦桑尼亚联合共和国和赞比亚共和国三国政府关于坦赞铁路第三期技术合作会谈纪要》第二条第一款。

② 《中华人民共和国、坦桑尼亚联合共和国和赞比亚共和国三国政府关于坦赞铁路第三期技术合作会谈纪要》第二条第二款。

③ 《中华人民共和国政府和坦桑尼亚联合共和国政府、赞比亚共和国政府关于修建坦桑尼亚—赞比亚铁路的协定》第二条。

④ 《坦赞铁路第八次会谈纪要》第三条：三国政府代表团注意到，坦赞铁路在施工过程中，由于工程数量的增加，以及物价上涨和当地工人工资提高等原因，铁路工程的实际造价超过了三国政府于1970年7月12日签订的《关于修建坦桑尼亚～赞比亚铁路贷款金额和偿还办法的议定书》所规定的贷款金额约一亿六百多万元人民币。三国政府经过友好协商，中国政府同意无偿承担超出上述议定书规定的贷款金额的部分。

合作的议定书》[①]的规定，中国同意派遣一千名左右技术人员，组成中国铁路专家组，到坦桑尼亚和赞比亚，对坦赞铁路运营和管理工作进行技术指导。

最后，在技术互助方面，中国还同意派遣专家和技术人员赴坦桑尼亚及赞比亚对当地的技术工人进行培训，更进一步地接受坦桑尼亚和赞比亚的学生来中国国内进行留学培训活动。[②]

总体来看，中、坦、赞的铁路建设工程中中国对其他两个国家的铁路建设工程提供了大量的技术和经济援助，但是由于相关条约的残缺，本次调研并未在外交部公布的公约中找到有关铁路交通运输的规定，坦赞铁路建成之后中国享有的权利义务也并不明晰。条约的内容相对过于概括和简练，资助款项的支付方式、利息的计算方式、专家和技术人员的工资定价标准、争端解决方式、不可抗力发生时的风险分担条款等均未出现在公约之中。另外，公约涉及的坦赞铁路并不在中国国境之内，及中国帮助修建的是纯粹的外国铁路基础设施，这一外援举动在当时具有很强的外交及国际影响，是中国迄今为止最大的援外成套项目之一。[③]

笔者认为，在“一带一路”倡议中，中国同样处于领头人的

---

① 《中华人民共和国政府和坦桑尼亚联合共和国政府、赞比亚共和国政府关于坦赞记录技术合作的议定书》第一条。

② 《中华人民共和国政府和赞比亚共和国政府、坦桑尼亚联合共和国政府关于为坦赞铁路培训技术人员的议定书》第一条。

③ Thomas W. Robinson and David L. Shambaugh. Chinese Foreign Policy: theory and practice, 1994. Page 287.

地位，可能会对其他“一带一路”参与的成员方进行资助或援助。类似的基础设施安排中应当明确各成员方的权利义务关系和价款的计算方式，同时保证透明度，应当全面、及时、有效地上传及公开相应的投资援助安排。

（二）中俄（苏联）模式

中国与俄罗斯（苏联）签订的涉外铁路运输条约共两个，详情如下表所示。

表2 中俄（苏联）之间签订的涉外铁路运输条约

序号	条约名称	类型	领域	中国签署时间	条约生效时间
1	中华人民共和国、苏维埃社会主义共和国联盟和蒙古人民共和国关于组织铁路联运的协定	多边	交通运输	1952.09.15	1952.09.15
2	中苏国境铁路联合委员会议定书	双边	交通运输	1957.08.06	1957.08.06

由于中国与俄罗斯（苏联）签订上述条约的时间较早，上述条约同样存在不完整的情况，如《中苏国境铁路联合委员会议定书》中对提到的《中苏国境铁路协定》作出修改，但《中苏国境铁路协定》并不在外交部公布的条约数据库中。就仅有的两个公约进行分析，可以发现，中俄条约既涉及跨境铁路的建设合作情况，也涉及货物的运输的情况。

在跨境铁路建设方面，《中华人民共和国、苏维埃社会主义共和国联盟和蒙古人民共和国关于组织铁路联运的协定》中涉及的铁路是在中国境内由集宁（平地泉）起，至二连地区中蒙国境为止，在蒙古人民共和国境内由乌兰巴托至扎盟乌得地区蒙中国境为止。[①]上述铁路的修建自相对方向同时进行，该铁路的修建经费，在中国境内的，由中国负担，在蒙古人民共和国境内的，按照苏蒙协定，由苏维埃社会主义共和国联盟和蒙古人民共和国负担。中俄模式中的跨境铁路运输与中坦赞模式不同，修建的铁路包括中国境内的部分，《中华人民共和国、苏维埃社会主义共和国联盟和蒙古人民共和国关于组织铁路联运的协定》与合作类合同（joint contract）具有相似性，中国并不承担过多的责任。但同时由于文件的缺乏，仅有的涉及中、苏、蒙的铁路建设合同仅有五个条款，且仅规定了所修建铁路的位置及修建工程方向、费用分配原则，其中的具体权利义务并无体现。

在货物运输方面，《中苏国境铁路联合委员会议定书》对车站的基础设施提出了要求，如第二条提出增加新段如下：欧特波尔站下行进站色灯信号机前的预告色灯信号机，根据地区条件，设置在中华人民共和国境内。预告色灯信号机：一个设置在1524公厘轨距线路的右侧；另一个设置在1435公厘轨距线路的左侧。设置预告色灯信号机距国境的地点，由专门委员会确定。对预告色灯信号机的安装、日常维修和技术监督，以苏联铁路的人工器材

① 《中华人民共和国、苏维埃社会主义共和国联盟和蒙古人民共和国关于组织铁路联运的协定》第一条。

办理。[①] 同时要求建立两邻接的国境铁路管理局间和双方铁路中央机关间的电话联系。[②] 在跨国联运的情况下，国家间的安排不仅限于单纯货物运输的安排，同时还有铁道基础设施的协调等。在货物运输的实体权利义务方面，《中苏国境铁路联合委员会议定书》援引了《国际货协》作为其办事细则，而不是单独签订双边货物或旅客运输公约，这一模式与下文中的中越模式具有很大的不同。由于《国际货协》已被《国际铁路直通联运公约》取代，故本调研报告不再对其展开分析。

（三）中越模式

中国与越南签订的铁路运输条约共三个，具体情况如下表所示。

表 3　中越之间签订的铁路运输条约

序号	条约名称	类型	领域	中国签署时间	条约生效时间
1	中华人民共和国铁道部和越南社会主义共和国交通运输部国境铁路协定	双边	交通运输	1992.03.08	1992.03.08
2	中华人民共和国铁道部和越南民主共和国交通公政部铁路联运协定	双边	交通运输	1955.05.25	1955.08.01
3	中华人民共和国政府和越南民主共和国政府关于中华人民共和国援助越南民主共和国修复铁路议定书	双边	交通运输	1954.12.24	1954.12.24

① 《中苏国境铁路联合委员会议定书》第二条。

② 《中苏国境铁路联合委员会议定书》第五条。

《中华人民共和国政府和越南民主共和国政府关于中华人民共和国援助越南民主共和国修复铁路议定书》中的援助模式与上文所述具有相似性，此处不再赘述。

在涉外铁路运输过程中，随着科技的发展，条约增加了通信设备的要求①，行车事故处理及责任划分②等规定，体现了涉外铁路联运规定的日渐全面。同时，中越模式中增加了国境铁路会议召开的要求，《中华人民共和国铁道部和越南社会主义共和国交通运输部国境铁路协定》中规定，国境铁路会议由双方铁路组织，每年召开一次，召开的日期，由双方相应主管机关在会议开始的60天以前商定，在会议开始的30天前，双方国境铁路局互相交换会议提案。③国境铁路会议的定期召开标志着两国涉外铁路运输管理常态化、标准化的发展。

在货物及旅客运输的实体法方面，中越采取双边条约的方式来规定其中涉及的权利义务，根据《中华人民共和国铁道部和越南民主共和国交通公政部铁路联运协定》第六条，中越双方须协商制定旅客和货物联运规则，属于该规则的办事细则和清算规则。④同时该条约的第七条还规定，运至越南民主共和国和由越南民主共和国运出而通过中华人民共和国铁路的过境货物，按照中

---

①《中华人民共和国铁道部和越南社会主义共和国交通运输部国境铁路协定》第八条。

②《中华人民共和国铁道部和越南社会主义共和国交通运输部国境铁路协定》第四条。

③《中华人民共和国铁道部和越南社会主义共和国交通运输部国境铁路协定》第十一条。

④《中华人民共和国铁道部和越南民主共和国交通公政部铁路联运协定》第六条。

越铁路旅客和货物联运规则办理。[①]可见中越模式下，货物与旅客的跨境运输其主要适用双边条约中的规定。然而，根据《中华人民共和国铁道部和越南社会主义共和国交通运输部国境铁路协定》第六条的规定，旅客的运送，行李、包裹、货物的运送和交接，车辆的使用和交接，以及与上述有关的一切清算，均按照《国际旅客联运协定》《国际铁路货物联运协定》《国际铁路客运运价规程》《统一过境运价规程》《国际铁路联运车辆使用规则》和《国际旅客和货物联运清算规则》以及本协定（《中华人民共和国铁道部和越南社会主义共和国交通运输部国境铁路协定》）和《中华人民共和国铁道部和越南社会主义共和国交通运输部国境铁路会议议定书》的规定办理。这一规定在实践中可能会产生适用上的冲突和重叠，对适用法律的指引不够清晰。

（四）多边联合条约模式

中国外交部公布的多边联合条约中并无《国际铁路直通联运公约》（已公布的详情可见下表），然而，《国际铁路直通联运公约》不仅是目前对中国生效的国际铁路运输公约，依其设立的铁路合作组织也是目前包括中国在内的其他缔约方涉外铁路运输领域极为重要的铁路运输组织之一，因此对多边联合条约模式的分析主要以《国际铁路直通联运公约》为蓝本展开。

① 《中华人民共和国铁道部和越南民主共和国交通公政部铁路联运协定》第七条。

表 4　已公布的多边联合条约

序号	条约名称	类型	领域	中国签署时间	条约生效时间
1	泛亚铁路网政府间协定	多边	交通运输	2006.11.10	2009.06.11
2	铁路合作组织委员会办事细则	多边	交通运输		
3	铁路合作组织章程（1962）	多边	交通运输	1962.06.22	
4	铁路合作组织章程（1956）	多边	交通运输	1956.06.28	1957.08.18
5	国际铁路货物联运协定（国际货协）	多边	交通运输		1951.11.01
6	国际铁路旅客联运协定（国际客协）	多边	交通运输		1951.11.01

《国际铁路直通联运公约》包括一个正文文本与八个附件文件，其正文（以下简称《铁组公约》）作为规定铁组参加形式和组织机构及其他程序性事项的框架性公约，共七十三条，其主要内容为铁路合作组织的设立及职责分工，铁组运作的章程性、组织性规定，公约在结构、内容文本及职能分配上均与公司章程具有极高的相似性。其参加方不仅包括缔约各方，还涉及铁路公司（机构）。铁路合作组织内设铁组专门委员会，主管铁路合作组织的运行中各个方面的事务。《铁组公约》同时对铁路合作组织内部争端的解决、预算、文件、适用等诸多问题进行了规定，可以说是目前对铁路合作组织规定最为全面、详细和切实可行的规范性文件。

就涉外铁路货物运输和旅客运输的实体性规定而言，《国际铁路直通联运公约》的附件对其进行了规定。

在涉外铁路货物运输中，对于国际铁路直通联运货物运输中的权利义务关系，《国际联运货物运输合同一般规定》其权利义务关系中的运输合同、运单等运输文书起着重要的作用。

国际铁路直通联运货物运输中的运输合同虽然规定在《国际联运货物运输合同一般规定》的第七条，但事实上，根据国际联运实践和公约附件下文的隐喻来看，运单在国际联运货物运输中起到了证明运输合同存在的作用。公约规定，运单为缔结运输合同的凭证，运单中记载的事项不正确或不准确，以及承运人丢失运单，均不影响运输合同的存在及效力。由此可见，运单为证明运输合同存在的最初证据而不是最终证据。同时，公约将国际铁路联运货物运输中的权利义务进行了简要的概括，即根据运输合同，承运人应有偿将发货人托运的货物，按发货人与缔约承运人商定的经路运送至到站，并将其交付给收货人。由此可以拆分出的承运人和发货人的权利义务如下：

承运人的权利方面，公约主要规定了承运人有依据运输合同收取运费的权利。在国际联运货物运输中，运费应当在货物交付之前支付。这一安排体现在附件一的多个条款中，如第二十七条，承运人有权在收到运输合同所产生的全部费用以前留置其管理的货物。第二十四条，承运人有权要求在运送之前支付运送费用。另外，对于涉及多个承运人的情况，根据附件一第二十八条，如某承运人已收到或应该收到由运输合同产生的属于参加运送的其他承运人应得的运送费用，则须将其支付给这些承运人。承运人间由于适用本一般规定所发生的清算事宜，根据承运人间缔结的关于清算办法的协议办理。这一条款对货物联运中收到除自己外的运费的承运人施加了支付其他承运人的义务。另外，承运人有权检查发货人是否遵守了运送条件，以及货物与发货人在运单中所记载的事项是否相符。按国内法律规定的办法进行检查。

承运人的义务方面，公约主要规定了承运人负有运送并交付货物的义务。货物的运送应当在运到期限内运到，按照公约附件一第十七条规定，如发货人和承运人未另行商定，则运到期限按货物运送全程确定，且不得超过根据本条所述标准计算的期限。货物运到期限根据下列标准确定：集装箱，每150公里/1昼夜；其他货物，每200公里/1昼夜。对因其技术特性限速运送的货物、超限货物及采用单独机车牵引的专列运送的货物，运到期限由承运人确定。对国际铁路—轮渡直通联运运送的货物，水运区段的运到期限由该区段的承运人确定。为进行货物发送作业，货物运到期限可延长一昼夜。货物运到期限在下列情况下可延长两昼夜：每次将货物换装到其他轨距的车辆时；车辆、自轮运转货物每次更换另一轨距的转向架时；国际铁路—轮渡直通联运中运送货物时。对由于与承运人无关的原因在运送途中滞留的全部时间应相应延长运到期限。货物运到期限，自缔结运输合同的次日零时起计算，至货物到达通知单移交收货人之时为止，且不足一昼夜按一昼夜计算。如运行途中需将货物分开，则运到期限按随运单到达的那部分货物计算。如货物在运到期限期满前到达到站，并且承运人通知收货人货物到达及可以交给收货人处理，即认为运到期限业已履行。关于通知收货人的办法，按货物交付地现行的国内法律确定。在货物交付方面，公约规定，货物到达到站后，承运人必须将运单和货物交付给收货人，收货人必须领取货物和运单。如相互间协议未另作规定，则在收货人向承运人付清一切应付运送费用之后办理运单和货物的交付。收货人应支付运单所载的所有货物的运送费用，即使是运单中所记载的货物部分短少时。如货物由收货人卸车，在下列情况下，承运人应参加对货物件数、状态或重量的检查：货物运至到站时，有痕迹表明车辆、多式运输单元或汽车运输工具内的货物可能被触及，但发货人封印未毁损，其记号与运单中的记载相符；货物运至到站时，车辆、多式运输单元或汽车运输工具上的封印短缺、毁损或其记号与运单中的记载不符；在这种情况下，只要发货人封印有一个未毁损，并排除货物被触及，且封印记号与运单中的记载相符，承运人就有权拒绝参加货物的检查；用敞车类货车运送的货物，通过外部检查可以确定存在短少、毁损（腐坏）的痕迹；易腐货物超过运到期限到达；承运人对由其照管的机械冷藏车未遵守保温制度；由承运人装车。货物卸车后将车辆、集装箱返还承运人时，收货人应保证车辆、集装箱的清洁。

发货人的义务方面，公约规定了发货人按照规定容器、包装和标记的义务。根据公约第十一条的规定，为防止货物在运送中灭失、毁损、腐坏和降低质量，使运输工具或其他货物免受毁损、污染，并对人员和动物造成伤害，以及破坏环境和铁路基础设施而需要装入容器或包装内的货物，托运时必须有符合上述要求的容器或包装。发货人应保证货件上所作或所粘挂的标记、表示牌或货签的正确性，以及他在车辆、多式运输单元和汽车运输工具上所粘贴的表示牌的正确性。如通过外部检查发现所托运货物的容器（包装）存在导致货物和运输工具无法换装、灭失、短少、毁损（腐坏）等问题，则承运人可拒绝承运货物，或按特殊合同条件承运货物。如货物容器或包装的状态不能保证其继续运送，则按第二十一条“货物运送和交付的阻碍”的规定对货物予以处理。发货人对没有容器或包装，或者其状态不符合要求所产生的后果，以及没有标记、表示牌或货签，或者其不正确所产生的后果负责，其中包括应向承运人赔偿由此而产生的损失。同时，在运单中没有记载由何方装车的情况下，则推定为发货人装车，此时发货人负有装车的义务。根据公约规定，货物应装载到技术状态良好且适于运送该种货物的已清扫的车辆内。由何方装车（承运人或发货人），按发送国的国内法律规定办理。将货物装载到多式运输单元和汽车运输工具内，由发货人进行。装车人应负责确定车辆是否适用于运送具体某种货物，保证遵守车辆、多式运输单元和汽车运输工具内货物装载和加固的技术要求，并对装车不符合要求的一切后果负责。另外，发货人还负有履行行政手续的义务。根据公约规定，发货人应将在货物运送全程为履行海关和其他行政手续所需要的添附文件附在运单上。这些文件应只限与运单中所记载的货物有关。如果发货人没有将履行行政手续所需要的文件附在运单上，而将其发送给相应的行政监察机关，则其应将此信息列入运单。承运人没有义务检查发货人在运单上所附的文件是否正确和是否齐全。由于没有添附文件或文件不齐全和不正确而产生的后果，发货人应对承运人负责。发货人应在运单中注明其在运单上所添附的文件。如发货人未履行本项规定，则缔约承运人应拒绝承运货物。如因发货人未提出必要的添附文件，或提出并记载在运单中的文件不齐全或不正确，以致使货物运送或交付发生滞留，则应向承运人赔偿因滞留所产生的附加运送费用和国内法律所规定的违约金，并按本一般规定第二十四条“运送费用和违约金的支付”规定的办法办理。为进行边防和海关检查及卫生、动植物和其他种类的检查而将车辆、多式运输单元或汽车运输工具启封，由承运人编制启封记录。如为进行边防和海关检查及卫生、动植物和其他种类检查而更换了最初施加的封印，由海关部门或承运人施加的完好封印，与最初施加的封印同样有效。

收货人的义务方面，除与上文承运人权利对应的“支付运费”的义务外，收货人还负有收取货物的义务，并且收货人只在货物由于承运人的过错而使质量发生变化，以致部分货物或全部货物不能按原用途使用时，方可拒绝领取货物。

在涉外铁路旅客运输中，根据《国际联运旅客运输合同一般规定》第一条适用范围的规定，国际联运旅客运输合同一般规定调整国际铁路联运旅客和行李运输合同的基本要求，同时一般规定适用于下列情况的旅客和行李运送：发站和到站位于两个不同国家。发站和到站位于同一国家，但运输合同在另一国家缔结。协定各方可在任意时刻提出关于不适用后者的声明。发站和到站位于同一国家，但运送需过境其他国家。

承运人的权利方面，主要体现在承运人享有收取运费的权利。运送费用（客票票价、卧铺费、行李运费），按发车之日适用的国际运价规程计算。在拒绝乘车或变更运输合同的情况下，旅客或发送人有权要求退还相应的运送费用。运送费用的退还，由合同承运人办理。退还运送费用时，可向旅客或发送人扣除同退款有关的费用，但根据运送规则退还运送费用的情况除外。在下列情况下，不退还运送费用：

（1）乘车票据丢失；

（2）由于未遵守本一般规定第七条第三项第一至四款的规定而解除运输合同；

（3）在乘车票据中没有相应记载或没有运送某一参加方的相应证明。

退还运送费用的办法，由运送规则确定。同时，承运人有权在发售乘车票据、行李票时，核收由发站至到站的全程运送费用。除运送费用外，承运人还可向旅客或发送人核收乘车票据办理国国内法律规定的附加费和杂费。另外，承运人还享有解除运输合同的权利。

除此之外，在携带品和动物的运送方面，如承运人有理由推断，旅客没有遵守规定的携带品运送条件，或运送了本条第二项所列的禁运物品，则承运人有权检查携带品是否符合运送标准和条件。承运人应在旅客在场的情况下对携带品进行检查。

承运人的义务方面，承运人的义务主要体现在将旅客、行李运送至到站并将行李交付发送人或领收人的义务，同时，承运人还负有检查旅客发送的行李是否符合《国际联运旅客运输合同一般规定》的规定和运送规则要求的义务。除此之外，对于活动受限人士，公约出于联运权利公平原则，对其提供相应的服务，根据活动受限人士的请求，承运人提供关于能够完成乘车以及进入铁路车站、旅客站台和车辆的服务信息。承运人或其委托人应在有能力的情况下保障活动受限人士进入铁路车站、客运站台和车辆。这些服务不收取额外费用。承运人在非歧视性的条件下应向活动受限人士提供预订和出售乘车票据方面的服务。活动受限人士在进入铁路车站、客运站台和车辆时需要帮助，应在乘车前不少于48小时的期限内将自己完成乘车的意愿告知承运人。在没有遵守该条时，承运人采取一切可行措施组织活动受限乘客的运输。由承运人或其授权人员确定一些方法，活动受限人士可通过这些方法告知其已抵达发送站并要求提供服务。提供帮助需满足下列条件，即活动受限人士应在列车出发前60分钟内抵达按承运人或其授权提供帮助的人员规定的地点。活动受限人士有权利随行运送携带品标准规定之外的辅助其行动的必要设备。

旅客（发送人）的权利方面，其享有的接受承运人提供的旅客、行李运输服务的权利体现在享受根据运输合同承运人提供的服务，以及在由于承运人原因，不能给旅客提供乘车票据上注明的席位，旅客可拒绝乘车。根据旅客的要求，当列车上有空闲席位时，承运人应提供任何种类的席位。当向旅客提供更高种类的席位时，不核收票价差额。当旅客拒绝乘车或向旅客提供较低等级或种类的车厢时，则由签订运输合同的承运人按运送规则中规定的办法退还全额票价或票价差额。在承运人能提供空闲席位且旅客根据所适用的运价规程补交票价差额后，旅客可换乘比乘车票据中所载等级或种类更高的席位或车厢。在乘车票据的有效期间内，旅客可在列车停站中途下车。中途下车及继续乘车的办法，由运送规则规定。

旅客（发送人）的义务方面，其负有支付运费的义务，除此之外，对于携带品的运送，旅客（发送人）还负有适当的注意义务，根据公约，旅客应注意携带品的完整和完好，并照看好随身携带的家养动物。

在《国际铁路直通联运公约》项下的基础设施建设要求方面，公约附件四《国际联运铁路基础设施一般规定》对其进行了规定。该附件共有五个条款，该附件从内容上来看具有宣言性质，仅就国际联运铁路基础设施的要求进行了概括性的规定，附件第一条指出，铁路基础设施包括保证国际联运旅客和货物列车按规定的速度、重量标准和行车间隔畅通无阻和安全运行所需的技术设备，包括不同轨距的铁路基础设施。铁路线路，包括工程建筑物（桥梁、隧道等）、信号（信集闭）和通信设备、供电和电力牵引设备、保证机车车辆行车安全的设备，以及铁路车站，包括站台和进站区域，均属于铁路基础设施的组成部分。而就何为保障国际联运旅客和货物列车间隔畅通无阻和安全运行所需的技术设备，公约并未明确进行规定。

在国际联运车辆使用方面，国际联运中的车辆的规定主要体现在公约的附件五与附件六、七。公约附件五《国际联运铁路机车车辆一般规定》对国际联运铁路机车车辆的标识、信号、设备、环保等方面提出了相应的要求，而公约附件六《国际联运货车使用一般规定》与公约附件七《国际联运客车使用一般规定》则对铁路公司间，以及车辆所属者和铁路公司间在《国际铁路直通联运公约》条件下使用货车与客车作为运输工具进行运送时的权利义务关系进行了调整。

表 5　中国签署的涉外铁路运输条约

序号	条约名称	类型	领域	中国签署时间	条约生效时间
1	中华人民共和国政府和土耳其共和国政府关于在铁路领域开展合作的协定	双边	交通运输	2015.11.14	
2	中华人民共和国政府和泰王国政府关于泰国铁路基础设施发展与泰国农产品交换的政府间合作项目的谅解备忘录	双边	经济	2013.10.11	2013.10.11
3	中华人民共和国政府和俄罗斯联邦政府关于对二〇〇八年十月二十八日《中华人民共和国政府和俄罗斯联邦政府关于共同建设、使用、管理和维护中华人民共和国黑龙江省同江市—俄罗斯联邦犹太自治州下列宁斯阔耶居民点区域内黑龙江（阿穆尔河）铁路界河桥协定》的修订议定书	双边	边界海洋	2012.04.28	2012.04.28
4	中华人民共和国政府与泰王国政府关于铁路发展合作的谅解备忘录	双边	交通运输	2012.04.17	2012.04.17
5	中华人民共和国铁道部和越南社会主义共和国交通运输部国境铁路协定	双边	交通运输	1992.03.08	1992.03.08
6	中蒙国境铁路协定（后附 1996 年修订）	双边	交通运输	1955.10.17	1956.01.01
7	中苏国境铁路联合委员会议定书	双边	交通运输	1957.08.06	1957.08.06

续表

序号	条约名称	类型	领域	中国签署时间	条约生效时间
8	关于中朝上河口站—清水站间鸭绿江国境铁路桥划分管界和养护修理问题会谈议定书	双边	边界海洋	1976.12.08	1977.01.01
9	中华人民共和国铁道部和朝鲜民主主义人民共和国铁道部关于国境铁路的协定	双边	交通运输	1973.10.09	1974.01.01
10	中朝两国国境间的铁路桥梁养护工作临时议定书	双边	边界海洋	1954.06.07	1954.07.07
11	中华人民共和国政府援助缅甸铁路木姐—腊戍段可行性研究和腊戍—曼德勒—皎漂段预可行性研究项目换文	双边	交通运输	2010.06.03	2010.06.03
12	中华人民共和国政府和哈萨克斯坦共和国政府关于两国铁路工作人员入出中哈国境简化手续的协议	双边	领事		
13	修改补充《中华人民共和国铁道部和哈萨克斯坦共和国交通部国境铁路协定》议定书	双边	边界海洋	2012.12.08	2012.12.08
14	中华人民共和国政府和俄罗斯联邦政府关于对二〇〇八年十月二十八日《中华人民共和国政府和俄罗斯联邦政府关于共同建设、使用、管理和维护中华人民共和国黑龙江省同江市——俄罗斯联邦犹太自治州下列宁斯阔耶居民点区域内黑龙江（阿穆尔河）铁路界河桥协定》的修订议定书	双边	边界海洋	2012.04.28	2012.04.28

续表

序号	条约名称	类型	领域	中国签署时间	条约生效时间
15	中华人民共和国政府和俄罗斯联邦政府关于共同建设、使用、管理和维护中华人民共和国黑龙江省同江市—俄罗斯联邦犹太自治州下列宁斯阔居民点区域内黑龙江（阿穆尔河）铁路界河桥的协定	双边	边界海洋	2008.10.28	2008.10.28
16	中华人民共和国政府与土耳其共和国政府铁路合作协定	双边	交通运输	2010.10.08	
17	中华人民共和国政府和德意志联邦共和国政府关于中德高速铁路技术转让领域进行发展政策合作事的换文	双边	科技和知识产权	2001.06.29	2001.06.29
18	中华人民共和国政府和乌兹别克斯坦共和国政府铁路合作协定	双边	交通运输	1996.07.03	1996.07.03
19	中华人民共和国与亚洲开发银行贷款协定（合肥—九江铁路项目）	双边	经济	1993.04.22	1993.07.16
20	中华人民共和国与亚洲开发银行贷款协定（普通业务：京九铁路项目）	双边	经济	1994.10.27	
21	中华人民共和国与国际复兴开发银行贷款协定（第六个铁路项目）	双边	经济	1993.04.15	1993.06.12
22	中华人民共和国铁道部和越南社会主义共和国交通运输邮电部国境铁路协定	双边	通讯	1992.03.08	1992.03.08
23	中华人民共和国铁道部和哈萨克斯坦共和国交通部国境铁路协定	双边	交通运输	1992.08.10	1992.09.01
24	中华人民共和国与国际复兴开发银行贷款协定（内蒙古地方铁路项目）	双边	经济	1989.09.14	
25	中华人民共和国与国际开发协会信贷协定（内蒙古地方铁路项目）	双边	经济	1989.09.14	

续表

序号	条约名称	类型	领域	中国签署时间	条约生效时间
26	中华人民共和国与国际复兴开发银行贷款协定（第四个铁路项目）	双边	经济	1989.01.25	
27	中华人民共和国与亚洲开发银行贷款协定（普通业务）（山西孝柳铁路项目）	双边	经济	1989.05.02	
28	中华人民共和国与国际复兴开发银行贷款协定（第二个铁路项目）	双边	经济	1985.08.26	1985.12.05
29	中华人民共和国铁道部部长和法兰西共和国运输部部长铁路合作协议	双边	交通运输	1983.09.27	1983.09.27
30	中华人民共和国政府和阿尔及利亚民主人民共和国政府铁路合作协定	双边	交通运输	1982.01.01	1982.01.01
31	中华人民共和国政府和坦桑尼亚联合共和国政府、赞比亚共和国政府关于修建坦桑尼亚—赞比亚铁路的协定	双边	交通运输	1967.09.05	1967.09.05
32	中华人民共和国铁道部和越南民主共和国交通公政部铁路联运协定	双边	交通运输	1955.05.25	1955.08.01
33	中华人民共和国政府和越南民主共和国政府关于中华人民共和国援助越南民主共和国修复铁路议定书	双边	交通运输	1954.12.24	1954.12.24
34	中华人民共和国与苏维埃社会主义共和国联盟关于中国长春铁路、旅顺口及大连的协定	双边	政治	1950.02.14	1950.04.11
35	泛亚铁路网政府间协定	多边	交通运输	2006.11.10	2009.06.11
36	中华人民共和国政府和赞比亚共和国政府、坦桑尼亚联合共和国政府关于为坦赞铁路培训技术人员的议定书	多边	交通运输	1986.08.14	

续表

序号	条约名称	类型	领域	中国签署时间	条约生效时间
37	中华人民共和国政府和赞比亚共和国政府、坦桑尼亚联合共和国政府关于坦赞铁路第五期技术合作的议定书	多边	交通运输	1986.08.14	
38	中华人民共和国政府和坦桑尼亚联合共和国政府、赞比亚共和国政府关于在中国政府贷款项下向坦赞铁路局提供零配件的议定书	多边	经济	1980.08.29	
39	中华人民共和国、坦桑尼亚联合共和国和赞比亚共和国三国政府关于坦赞铁路第三期技术合作会谈纪要	多边	交通运输	1980.08.29	
40	中华人民共和国政府和坦桑尼亚联合共和国政府、赞比亚共和国政府关于坦赞铁路训练学校技术合作的议定书	多边	交通运输	1980.08.29	
41	中华人民共和国政府和坦桑尼亚联合共和国政府、赞比亚共和国政府关于坦赞铁路第三期技术合作的议定书	多边	交通运输	1980.08.29	
42	关于修复坦赞铁路谦比西河大桥的议定书	多边	交通运输	1979.12.24	1979.12.24
43	中、坦、赞三国关于修建铁路专用线的议定书	多边	交通运输	1976.07.08	1976.07.08
44	中华人民共和国政府和坦桑尼亚联合共和国政府、赞比亚共和国政府关于坦赞铁路技术合作的议定书	多边	交通运输	1976.07.08	1976.07.08
45	坦赞铁路第八次会谈纪要	多边	交通运输	1976.07.08	1976.07.08

续表

序号	条约名称	类型	领域	中国签署时间	条约生效时间
46	中国和坦桑尼亚、赞比亚关于修建一般货物仓库及其铁路专用线的议定书	多边	交通运输	1975.09.18	1975.09.18
47	中国和坦桑尼亚、赞比亚关于姆绍勒瓦至基达杜十七公里铁路联络线、康哥洛石场、姆奴加石场和坦赞铁路局线路大修基建队设备问题的议定书	多边	交通运输	1975.09.18	1975.09.18
48	铁路合作组织委员会办事细则	多边	交通运输		
49	铁路合作组织章程（1962）	多边	交通运输	1962.06.22	
50	铁路合作组织章程（1956）	多边	交通运输	1956.06.28	1957.08.18
51	国际铁路货物联运协定（国际货协）	多边	交通运输		1951.11.01
52	国际铁路旅客联运协定（国际客协）	多边	交通运输		1951.11.01
53	中华人民共和国、苏维埃社会主义共和国联盟和蒙古人民共和国关于组织铁路联运的协定	多边	交通运输	1952.09.15	1952.09.15

* 该表格根据中华人民共和国外交部条约数据库整理，内容来源请参见：http://treaty.mfa.gov.cn/Treaty/web/list.jsp?nPageIndex_=1&keywords=%E9%93%81%E8%B7%AF&chnltype_c=all，最后访问日期：2019 年 4 月 13 日。

图书在版编目(CIP)数据

铁路合作组织《国际铁路直通联运公约》研究 / 王夏昊，宇培峰，程笑男著. —北京：中国法制出版社，2019. 11

ISBN 978-7-5216-0647-8

Ⅰ. ①铁… Ⅱ. ①王… ②宇… ③程… Ⅲ. ①铁路运输—国际联合运输—国际条约—研究 Ⅳ. ①F531.6

中国版本图书馆CIP数据核字（2019）第253462号

责任编辑：王雯汀　　封面设计：杨鑫宇

铁路合作组织《国际铁路直通联运公约》研究

TIELU HEZUO ZUZHI《GUOJI TIELU ZHITONG LIANYUN GONGYUE》YANJIU

著者 / 王夏昊　宇培峰　程笑男

经销 / 新华书店

印刷 / 北京京华虎彩印刷有限公司

开本 / 880毫米×1230毫米　32开　　印张 / 7.75　字数 / 160千

版次 / 2019年11月第1版　　2019年11月第1次印刷

中国法制出版社出版

书号ISBN 978-7-5216-0647-8　　定价：35.00元

北京西单横二条2号　邮政编码100031　　传真：010-66031119

网址：http://www.zgfzs.com　　编辑部电话：010-66060794

市场营销部电话：010-66033393　　邮购部电话：010-66033288

（如有印装质量问题，请与本社印务部联系调换。电话：010-66032926）